安徽高校人文社科重点项目（项目号：SK2021A0629）

黄山学院校级重点课题（项目号：sxkfkt2301；2022xskzd003）

黄山市旅游语言景观调查研究

石铃凤　著

合肥工业大学出版社

前　言

　　语言景观（Linguistic Landscape）是社会语言学领域的重要研究议题，较之动态的口语交际行为，语言景观以其物质化的存在形式，为社会成员的语言实践提供了相对较为持久的可视化表征。其研究对象涵盖实体公共场所及虚拟网络空间中所有文字标识系统。从符号学视角来看，语言景观本质上构成了发布者与受众之间的多模态话语实践，不仅反映了双方在信息资源配置上的不对称性，更实现了跨时空的社会互动与意义建构。

　　不同场所的语言景观是目标受众与标牌构建者之间的文化协商与意义共建过程。在旅游场所中，政府服务型语言景观（如导览信息、公共标识）面向所有旅游者，其语言配置直接反映公共服务管理者与旅游者群体间的互动关系。如果此类语言景观能精准满足旅游者的多元需求（如多语种覆盖、信息准确性等），则表明该旅游地的公共语言服务能力较强；反之，则暴露其语言规划不到位，语言治理能力不足。与此同时，私人服务型语言景观（如店铺招牌、宣传手册、广告标语等）则固化呈现了商家与旅游消费者的商业语言互动。这类景观不仅承载了买卖双方的静态对话，更通过语言符号的象征资本促成交易行为，直接实现了语言景观的经济功能。其效能可透过消费者的消费决策加以观测，从而揭示语言符号如何转化为实际的市场效益。

作为社会语言学研究的重要领域，语言景观旨在考察特定社会空间内公共及商业标牌中语言的可见性与突显性。自该理论框架建立以来，全球学者通过实证研究方法，对多元文化语境下的语言景观进行了系统性考察，不仅拓展了理论研究的维度，也丰富了方法论体系。在中国学术语境下，研究者将该理论应用于城乡语言景观调查，既深化了对本土语言生态的认识，又推动了理论的本土化创新。在研究方法论层面，语言景观研究需遵循严格的实证路径：研究者通过田野调查获取第一手语料，继而基于研究目标运用定量与定性相结合的方法开展分析，既描述语言实践的表层特征，又揭示深层的社会语言秩序。这种研究范式不仅能够诊断语言景观建设中的功能缺失，更能为语言治理提供实证依据。近年来，还有研究者从语法学和修辞学角度对语言景观进行了纯文本分析。随着语言政策研究与语言规划理论的持续发展，语言景观研究将在跨学科对话中获得新的理论增长点。

李宇明指出语言生活有三个层级：宏观、中观和微观，语言生活的中观层级主要指各行业、各地区的语言生活，又被称为领域语言生活和地域语言生活。领域语言生活指不同领域的语言生活；地域语言生活指在现有国情下，不同区域所显现的不同语言生活现状。2023年，李宇明在《区域语言规划与区域发展》一文中进一步阐释了区域语言规划与区域发展的紧密关系，他指出要通过语言交际、语言服务、语言产业三个方面的努力实现"用语言支持区域发展"的目标，其中区域语言景观是区域语言的表现形式之一。因此，区域语言景观的合理化构建对区域发展具有重要的推动作用。

语言景观可以为受众提供各类信息，具有工具性，同时也具有象征性，譬如区域语言景观具有区域文化镜像功能，区域语言景观作为区域语言使用的一种方式，反映了区域内的语言生活、语言规划与语言政策。黄山市是以旅游著称的城市，作为皖南地区因山而得名的城市，其自然风景优美。近年来，在国家全面推进乡村振兴的契机下，黄山市紧抓有利时机，依靠自身丰富的徽州文化资源，盘活各种有利资源，使得徽州古村落旅游建设获得进一步发展。未来黄山市在大力建设集休闲、度假于一体的国际性旅游胜地时，则需要进一步提升旅游产业的内涵建设，关注旅游场所的语言景观建设，加强公共服务场所的语言治理，需要为旅游事业的发展储备更多的语言人力资源，从而提高政府语言服务能力。

本书从语言学的角度，采用社会学的研究方法，调查了当前黄山市代表性旅游景点的语言景观建设现状，描写了当前各大旅游景点公共服务场所的语言生活面貌，分析了各大旅游景点在语言景观建设方面的不足及未来方向，为提升地方政府语言服务能力提出了许多建设性的意见。

内容上，本书主要分为三个部分，绪论和第一章为第一部分，主要介绍了本书的研究缘由及意义、研究现状、研究目标与内容，以及研究思路与方法，并阐述了语言景观理论在国外与国内的发展。该部分内容属于研究理论与方法规整，为第二部分黄山市不同旅游景点的语言景观调查奠定理论基础。第二章到第八章为第二部分，该部分以实地走访与调查的方式，研究了黄山市区的屯溪老街和黎阳 in 巷，西递、宏村、呈坎、歙县古城、南屏五个代表性古村落旅游景点，以及黄山风景区旅游场所的语言景观，并通过对旅游者问卷调查的方式，调查了黄山市外旅游者对屯溪老街和黎阳 in 巷的语言景观感知度。该部分属于语言景观研究理论的具体实践，考察了黄山市不同旅游场所语言景观的语言实践及语言意识形态。调查采用的研究方法主要包括问卷调查法、文本分析法、民族志方法。该部分通过不同旅游场所语言景观的语料采集，及对旅游者语言景观感知度的问卷调查，分析了旅游场所的语言景观建构原则、建构机制及建构目的；同时，在对黄山市各旅游景点的语言景观调查中，发现其存在的一些共性问题与个性问题，并分别提出建设性意见。第九章结论为第三部分，该部分总体分析了黄山市旅游语言景观建构的必要性与紧迫性，并就黄山市旅游语言景观的未来建构提出了三条建设性意见，阐释了在黄山市旅游语言景观建设中不同管理部门与人员所充当的角色。

本书通过实证调查揭示了旅游目的地语言景观的建构机制，系统考察了国际化城市定位与城镇化进程对语言景观形成的多重影响，同时呈现了地方政府在语言景观治理中的决策逻辑与实践特征，以及当地居民的语言意识形态。在当前应用语言学学科发展背景下，如何实现理论研究与社会实践的有机衔接，以及地方高校如何通过学术研究服务区域社会发展，已成为学界亟待解决的重要议题。本书以安徽省黄山市旅游语言景观为研究对象，运用社会语言学理论框架，通过实证分析为地方语言景观规划与社会发展提供政策建议，具有显著的应用价值。从学科建设维度来看，本书对旅游场所语言学、语言规划与管理、语言生态建设等研究领域具有理论参考价值，也为相关学科的交叉研究提供了新的分析视角。

本书的出版得到了本人工作单位——黄山学院的大力支持，并受到了黄山学院学术著作出版基金的资助，在此致谢！因作者学术能力局限，书中难免存在疏漏，恳请读者批评指正。

目　　录

绪　　论

语言景观这一概念最早由 Landry 和 Bourhis 于 1997 年提出，指某一地区的公共路牌、广告牌、街名、地名、商铺招牌以及政府建筑物公共标牌上的语言。近年来，语言景观的研究对象进一步扩展，在公共场合出现的任何语言形式都可以是语言景观的研究对象。语言景观可以展示地区的社会文化语境，表征国家语言政策实施的具体情况，反映语言冲突、语言接触、语言维持、语言迁移和语言活力等问题。不仅如此，语言景观还是研究多语言现象的新路径，也是考察城市社会语言生态的好方法。因此，语言景观研究受到了多个学科的广泛关注，其不仅是社会语言学研究的热门领域，还在社会学、符号学、经济学、政治学、社会心理学、应用语言学和地理学等多学科研究中日益受到重视。

一、研究缘由及意义

黄山市，位于安徽省最南端，与浙江、江西接壤，拥有屯溪区、徽州区、黄山区三个区及歙县、休宁县、祁门县和黟县四个县，全市总面积 9678 平方千米，截至 2024 年末常住人口 131.7 万人。黄山市古属吴越，古称"徽州"，既是徽商故里，又是徽州文化的发源地。黄山市还是杭州都市圈成员城市、皖南国际文化旅游示范区核心城市、国家级文化生态保护区。境内的黄山为世界自然与文化双遗产，皖南古村落西递、宏村为世界文化遗产，正是由于拥有美丽的自然景观和古村落等人文景观而使黄山市成为以旅游著称的城市。每年往来黄山市的游客众多，据黄山市统计局发布的《2024 年 1—12 月全市经济运行简析》中数据显示，2024 年全市共接待游客9222.9 万人次。

作为因旅游而知名的城市，为了更好地凸显语言的服务精神，我们有必要对黄山市不同旅游场所的语言景观进行实地调查走访。旅游场所的语言景观作为一类特殊的功能分区，它不同于一般的社区、商业街道，除了有固定的本地居民、商户和工作人员外，还有大量的来自世界各地的旅游者。对于当地居民而言，旅游语言景观不仅仅是他们生产生活的需要，更是对外展现其精神面貌的重要渠道；对于旅游者而言，旅游语言景观不仅能够为其提供各类旅游服务信息，更能够满足其对旅游的各项需求；对于当地政府而言，旅游语言景观可以宣传地域文化，还可以创造经济价值。因此，对旅游场所语言景观的调查研究无论是对语言景观的构建者还是对受众，都具有重要意义。本书拟运用语言景观相关理论，通过对黄山市不同地区旅游场所语言景观开展实地调查，逐一描写不同旅游场所的语言景观建设现状，总结其发展不足，并对所调查旅游景点的语言景观的未来建设提出意见，最后总结出黄山市旅游语言景观的总体现状、发展需求及未来努力方向。

二、研究现状

（一）语言景观国际研究现状

语言景观由 Landry 和 Bourhis 于 1997 年提出。此后，Scollon 提出的"地理符号学"和 E. Haugen 提出的"语言生态学"进一步丰富了语言景观的理论基础。Peter Backhaus 从语言景观视角调研了东京的多语现象；Leeman 和 Modan 从文化地理学和城市研究的角度研究了华盛顿唐人街上汉语商铺标牌语言景观；Huebner 提出了语言景观分析的 SPEAKING 模型，并利用该模型全面分析了语言标牌的语言形式、语境、创设者动机和读者的反应等；Kasanga 实地调查和研究了柬埔寨首都金边商业区周围语言景观的分布格局，并讨论了柬埔寨社会发展中的多语现象；Hult 利用关联分析和地理符号学理论，调查了美国圣安东尼奥高速公路沿线的双语语言景观；孔珍利用 CiteSpace软件分析了 1997—2017 年国际语言景观研究发现，国际语言景观的研究热点主要围绕多语语言景观、语言景观与语言政策、语言景观与英语全球化、语言景观与少数民族语言四方面；Xing Lu 等从语言服务的角度，分析了大理古城区的语言景观，他们从信息传递、人际关系的交互性和文化显示谈论了语言景观的有效性，并着重分析了语言景观的经济效益。

（二）语言景观的国内研究现状

语言景观理论引入中国以后，一些学者对语言景观理论做出了进一步阐释，如尚国文和赵守辉，而更多的学者则直接利用语言景观理论分析了不同地区、不同场所的语言景观现状，如田飞洋和张维佳对北京市学院路街道的语言景观做出了调查和研究；徐红罡和任燕运用语言景观信息功能与象征功能的理论框架，对丽江旅游影响下的东巴文语言景观进行了分析探讨；邱莹采取语言景观的研究方法，对上饶市语言景观分类进行了研究，并从语言景观的语符组合情况来分析其背后蕴含的社会语言状况；俞玮奇等分析了北京望京地区和上海古北地区韩国侨民聚居区的语言景观的多语现状，并指出语言管理和语言服务已成为当前韩国侨民聚居区外语规划的首要问题；张媛媛、张斌华对澳门回归祖国以后语言景观的多语现状进行了分析研究；杨荣华、孙鑫以互动顺序考察了南京老门东历史文化街区语言景观现状，探析景观中标牌的"作者""读者"与"标牌"三者间的互动关系，揭示了语言景观存在的问题及其原因，该研究对进一步提升城市语言管理水平、加强城市外语环境建设、科学制定公共空间语言政策具有积极意义；刘丽芬等调查了三亚市俄语景观在语言景观中的现状。

以上研究者在分析不同城市街道的语言景观的过程中，都或多或少地将语言景观与语言政策、语言生活、语言管理、语言服务等结合起来研究。研究视角主要集中在城市街道。李宇明指出语言景观是城市文化风韵更为直观的体现，并将语言景观的研究范围进一步扩大，除了公共道路标识、广告牌、街道名称、地名、商店标识、标语口号、公共指示语、建筑物上的公共标识上面的"典型语言景观"外，还将游行标语、车身广告、街头涂鸦、街头艺术、行人的 T 恤衫、空间网络、入场券、票证、菜单、公务名片等呈现的语言文字归入"非典型语言景观"。他还认为语言景观有固定的，也有移动的；有永久的或长期的，也有临时的；有文字的，也有带有符号或多媒体的；有本土语言的，也有外语的；有政府统一设置的，也有市民自拟的；有象征性的，也有发挥实际信息作用的。

近年来，随着我国乡村振兴的发展，新城镇的语言景观调查也逐渐进入研究视野，如张晓苏、屈哨兵在谈及数字经济时代农村的语言生活和语言服务时指出，应该注重对乡村语言景观的规划与设置。

此外，语言景观调查不再局限于实地，有一些研究者还以线上语言景观作为研究对象，如孙浩峰以英格兰足球超级联赛视频转播中的广告语言景观作为研究对象；程润峰和李楚奇以英雄联盟（LOL）电竞游戏的语言景观作为分析对象，不仅分析了英雄名、玩家名、段位名等静态语言景观的文本特点，还分析了动态的交际文本语言景观。有一些研究者则从历时的角度研究了同一地区不同时期的语言景观，如李永斌从历时的角度考察了拉萨语言景观的变化发展。这些研究都进一步拓展了语言景观的研究思路和研究范围，提高了语言景观的研究活力。

综上可知，语言景观研究虽然取得了丰硕的成果，但也同时存在一些问题：第一，研究视角较为狭窄，缺乏全面的视角描写。目前，语言景观的研究大多基于静态和客观描写，而对片区同类场所的语言景观的调研成果则较少，或者不够丰富。第二，缺乏对功能性场所的语言景观描写和研究。当前学界对于语言景观的描写，更多的是泛式研究，基于不同功能性场所的语言景观研究成果较少。不同功能性场所主要是基于不同的土地用途所进行的区域划分，如行政服务中心、商业区、市民居住区、旅游景观区等。对不同功能性场所而言，各自的语言景观会呈现不同的特点，比如旅游场所的语言景观跟普通的城市商业区、街道的语言景观是存在不同之处的，而不同功能分区对语言景观的需要和要求也存在不同之处，而学界对以上内容的研究则不够关注。

（三）黄山市旅游研究现状

黄山市作为一个以独特自然景观和深厚人文底蕴闻名中外的城市，旅游一直是其城市发展的焦点。关于黄山市旅游的研究成果主要分为两类：（1）一类以旅游地为研究对象。如黄成林和冯学钢阐释了徽州文化与旅游的关系，分析了当前徽州文化旅游开发现状并提出了进一步发展意见；黄成林分析了黄山市乡村旅游的优势与当前建设的不足，并提出乡村旅游发展的建设性意见；章锦河和张捷使用生态足迹的理论分析了黄山市旅游者的生态消费及结构特征，并构建了旅游交通、住宿、餐饮、购物、娱乐、游览 6 个旅游生态足迹计算子模型；祁祖尧等从历史街区保护视角对屯溪老街的市政工程规划措施进行了研究。（2）另一类以旅游者作为研究对象。如孔翔等从餐饮业态与地方营造策略的空间分异角度对屯溪老街进行了研究；郑久良从旅游者的地方感、满意度与忠诚度的中介作用机制对屯溪老街进行了研究；刘慧娟从网络评价的角度对屯溪老街的游客进行了感知研究，主要侧重于游客对屯溪老街的旅游体验感。

虽然关于黄山市旅游的研究成果日益丰富，但从语言学角度对黄山市旅游场所进行研究的成果则较少，仅有李光慧和徐茗对黎阳古镇的语言景观进行了初步调查，以及石铃凤调查了屯溪老街和黎阳 in 巷的语言景观现状。黄山市作为皖南地区影响较大的国际性旅游城市，对其各旅游景点进行的综合性语言景观调查较少。当前，黄山市将进一步构建"山上山下联动、城市乡村并进、文化旅游融合、多极多点支撑的大旅游格局，打造世界级旅游城市"，因此切实提高政府的语言服务能力显得尤为迫切。

本书基于语言景观理论框架，对黄山市代表性旅游景点的语言景观进行了系统性实证考察。本书将围绕以下内容展开：第一，通过构建多模态语料库，运用语域分析与符号学阐释方法，系统解构黄山市旅游场域中语言景观的符号表征体系，揭示其多语码配置规律与功能实现路径；第二，采用共时描写观察范式，结合政策文本分析与场所民族志研究，系统论证旅游语言景观的生成机制，构建包含政策导向、商业逻辑、文化认同三个维度的解释模型；第三，创新性构建徽州文化地域标识体系，从方言存续、非遗表述、建筑符号等视角建立特色分类标准，探索文化基因在语言景观中的转译机制；第四，引入旅游者认知地图法与眼动追踪技术，建立语言景观效度评估矩阵，形成"问题识别—标准建构—优化路径"的闭环提升机制。本书旨在实现三重突破，即在理论层面深化语言景观的场所建构论阐释，在实践层面形成地方语言治理的黄山范式，在应用层面构建"规范治理—文化彰显—体验优化"三位一体的语言服务体系，为新时代文旅空间的语言规划提供创新性解决方案。

三、研究目标与内容

本书以黄山市旅游景点的典型语言景观为研究对象，选取黄山风景区、西递宏村、呈坎、南屏、歙县古城等具有代表性的旅游景点，采用田野调查法，系统采集并分析其语言景观数据，旨在考察黄山市旅游语言景观的建设现状，揭示当前存在的问题，并提出优化策略，以促进旅游语言服务的规范化与特色化发展。

（一）研究目标

1. 提升政府语言服务能力

通过旅游者问卷调查与深度访谈，本书将总结屯溪老街、黎阳 in 巷等成功案例的语言景观模式，并推广至其他景区，以优化旅游语言服务质量。

2. 推动语言景观规范化

当前黄山市旅游语言景观存在 3 类突出问题：拼写不规范（拼音/英文拼写错误）；汉字使用混乱（繁简混用、书写错误）；翻译标准不统一（路标、景区专有名词译文不一致）。本书将系统梳理这些问题，并提出标准化整改方案，避免因语言不规范损害城市形象。

3. 量化评估与政策建议

优质语言景观的推广是政府语言服务能力的"加分项"，而规范不合理现象则是"基础项"，二者结合可为构建科学化的语言服务评估体系提供支撑，从而为黄山市建成国际一流旅游目的地提供助力。

（二）研究内容

1. 描写黄山市旅游语言景观的建设现状

旅游景点作为一种特殊的功能空间，其语言景观的服务对象不仅包括本地居民和商户，还有来自全球的旅游者。从语言学视角看，旅游者对语言景观的需求不仅限于基础服务功能，还期待其承载丰富的文化内涵。然而，当前黄山市各景区的发展水平不一：部分成熟景区（如西递、宏村）的语言景观建设较为完善，而新兴景区的规范性仍有待提升。本书将选取具有代表性的景点进行对比分析，系统描述其语言景观的现状特征。

2. 分析地域文化对旅游语言景观的影响

黄山市的徽州文化底蕴深厚，西递、宏村、呈坎、歙县古城等古村落作为其典型载体，语言景观亦深受地域文化浸润。例如，徽州传统艺术（如四雕、版画、碑帖）与建筑风格（青石板路、马头墙）共同营造出独特的文化氛围，而语言景观中的商业标识（如"汪一挑馄饨""谢裕大茶行""黄山小烧饼"）则进一步强化了这一特色。本书拟对黄山风景区及具有代表性的徽州古村落的语言景观进行分类整理，结合旅游者感知调查，提炼出最具文化认同感的语言景观类型，为后续优化提供依据。

3. 探索旅游语言景观建设的政策价值与实践路径

语言景观是地区语言生态的直观反映，对其开展研究可为语言政策的制定提供重要参考。本书将从语符组合、场所符号学等理论视角出发，分析黄山市景区内"自上而下"（官方设置）的语言景观（如路标、公示语），以揭示其语言生态特征，进而为提升政府语言服务能力提出针对性建议。

四、研究思路与方法

（一）研究思路

本书采用"语料采集—分类整理—系统分析—对策研究"的递进式框架，通过田野调查与多维度分析，系统考察黄山市旅游语言景观的现状、问题及优化路径。具体研究流程如下。

1. 第一阶段：语料采集与分类

（1）调查组包含多个研究小组，除了黄山风景区安排 6 名调查人员外，其他旅游景点均安排 2 名语料收集人员，负责收集包含店铺名称、菜单、广告、公共服务用语、警示语等公共场所内的所有语言景观类型；

（2）对采集的语料进行统一编号、归档，建立结构化语言景观图片数据库，为后续分析提供实证基础。

2. 第二阶段：语言景观的系统分析

（1）类型学分析：基于语料库，归纳各景区语言景观的类型分布与功能特征，对比不同景区间的差异。

（2）问题诊断：从规范性（拼写、翻译、汉字使用）、文化性（地域特色融入）、功能性（旅游者需求匹配度）3 个维度，评估语言景观存在的问题。

（3）优化建议：结合旅游者感知调查与典型案例分析，提出针对性改进策略，包括标准化建设（统一翻译、规范用字）、文化赋能（强化徽州特色语言符号）、动态管理机制（建立语言景观审查与更新制度）。

（4）理论总结：提炼旅游语言景观的建构机制，为同类地区提供参考模型。

（二）研究方法

本书采用多元方法论的整合路径，通过定量与定性相结合、实证与理论相印证的研究范式，系统考察黄山市旅游语言景观的特征与问题。具体研究方法如下：

1. 混合研究方法

定量分析：基于田野调查收集的语料库（含图片、文字等），运用

SPSS 等统计软件对语言景观的类型分布、语码组合模式等进行量化分析，建立客观数据基础。

定性分析：通过批判性话语分析和符号学阐释方法，深入解读语言景观背后的文化内涵、权力关系及身份建构意义，形成理论洞见。

2. 多模态田野调查法

视觉民族志：采用系统拍摄法，记录公共场所的语言景观，确保语料的空间代表性和时间连续性。

深度访谈：针对特殊语言景观（如具有争议性的翻译、非规范用语），对相关商户、旅游者及管理人员进行半结构化访谈，获取多元主体认知。

3. 理论与实践对话框架

理论指导：以语言景观理论为分析框架，界定研究范畴与方法论边界。

实践反哺：通过实证研究，反思现有理论的适用性，探索黄山市旅游语言景观建设的途径，为语言政策制定提供学理依据。

4. 问题导向的循证研究

采用"问题识别"到"证据收集"，再到"对策生成"的循证研究模式，将不规范语言景观案例纳入整改数据库，运用 Delphi 专家咨询法形成分级整改方案。

第一章　黄山市旅游语言景观总体分析

　　黄山市作为皖南地区重要的文化旅游枢纽，其旅游发展战略经历了显著的阶段性演进。2014 年，黄山市被确立为皖南国际文化旅游示范区核心区，标志着其旅游发展进入国家战略层面；2018年融入杭州都市圈，2019 年相继纳入徽州文化生态保护区和长三角一体化发展格局，进一步强化了区域协同发展优势。从历史维度考察，黄山市的旅游发展战略呈现明显的政策延续性与时代适应性。1983 年县级黄山市建立时，黄山市确立了"八山一水半分田，半分道路和庄园"的旅游疗养型城市发展定位。1987 年地级黄山市成立后，黄山市提出了"强化农业基础、稳定工业发展、重点培育旅游业"的三产协调方针，体现了早期旅游产业化思路。进入新时代，黄山市旅游发展战略更趋系统化。根据《黄山市国民经济和社会发展第十四个五年规划和 2035 年远景目标纲要》，黄山市政府明确提出，深化"旅游＋"产业融合战略，实施旅游品质提升工程，推动观光旅游向休闲度假复合型旅游转型，设定2025 年发展指标：年接待游客量突破 1 亿人次，旅游总收入超过1000 亿元。这种"城乡协同、山岳联动"的多维发展模式，通过空间重构与资源整合，有效激活了全域旅游资源，为区域经济高质量发展提供了持续动力。

一、语言景观概念与特征

（一）语言景观理论的发展

1. 概念的提出

语言景观作为社会语言学的重要研究领域，其理论渊源可追溯至 Landry 和 Bourhis 的开创性研究。两位学者基于民族语言活力理论，通过对加拿大魁北克省法语中学生的调查，首次系统界定了"语言景观"的概念。研究发现，公共空间的语言呈现（如路牌、广告、街道名称等）对语言态度和言语行为具有显著影响，尽管研究未深入分析标牌文本的具体特征。Landry 和 Bourhis 将语言景观定义为"公共与商业标牌（如政府建筑标识、商铺招牌、街道名称等）中语言符号的集合，共同构成特定区域的语言生态"。该定义揭示了语言景观的核心特征：（1）其物质载体为公共空间的各类语言标识；（2）其主体既包括官方机构，如政府标牌，也涵盖私人商业标牌；（3）其时间维度具有动态性，商业标牌可能频繁更替，而地名、路名等则相对稳定。然而，该定义未明确语言景观的分析单元，如语音、词汇或句法层面，这为后续研究留下了理论探讨空间。

Scollon R 和 Scollon S W 进一步拓展了语言景观研究领域。他们引入视觉符号学框架，将公共标牌如交通指示牌、品牌标识界定为"场所话语"，强调文本意义需结合其社会与物质语境才能被完整解读。基于跨文化比较研究，涵盖亚洲、欧洲、美洲等地区，他们提出"地理符号学"理论，系统考察语言符号在实体空间中的意义生成机制。这一理论成为语言景观研究的重要分析范式。

从学科发展脉络看，语言景观研究经历了从"语言本体分析"到"多模态符号研究"的范式转型。早期研究聚焦公共空间的语言文字特征，而后期理论则将其纳入更广阔的符号学体系，形成跨学科研究路径。如采用社会语言学视角，可探讨语言景观与社会权力、身份认同的关系；若基于符号学理论，则可分析其多模态意义建构机制。

尚国文、赵守辉指出，Jaworski 和 Thurlow 对语言景观的界定是迄今最具理论深度和包容性的。该定义将语言景观视为"语言、视觉活动、空间实践与文化维度之间的相互作用，特别是以文本为媒介并利用符号资源所进行的空间话语建构"。相较于早期研究，Jaworski 和 Thurlow 的理论突破在于：（1）将语言景观概念化为一种符号资源，而非静态的语言呈现；（2）强调语言景观作为空间话语建构的动态过程；（3）突出多维度（语言、视觉、空间、文化）的相互作用，赋予语言景观更强的社会文化解释力。

2. 研究的发展

由于理论出发点的差异，语言景观研究逐渐形成两种主要范式：一是基于 Landry 和 Bourhis 的文本分析范式，该路径聚焦语言景观的语码特征，包括语码类型、排列顺序及其反映的社会权势关系，进而探讨其与语言政策、语言规划的关联。二是基于 Jaworski 和 Thurlow 的文化实践范式，该路径采用多维度分析方法，结合话语建构理论，重点关注语言景观生产者的建构意图，如身份认同、意识形态表达；空间话语中的语用功能，如象征性权力、空间归属感；生产者与接受者的互动机制，如受众解读、空间实践反馈。与日常言语交际不同，语言景观的独特性在于，它突破了延时性交流的时空限制，是面向非特定受众的公共符号的实践，也是融合语言、认知、视觉、空间与文化的多模态系统。

3. 语言景观研究在国内的发展

语言景观理论引入中国后，研究范畴与理论视角均有所深化。

（1）研究对象的扩展

尚国文、周先武提出，传统研究以静态标牌（如路牌、商铺招牌）为核心，而当代语言景观应纳入非典型性载体，如电子显示屏、车身广告、标语、涂鸦、文化衫等。这类载体具有移动性、临时性与多模态性，进一步拓展了语言景观的考察维度。此外，虚拟空间，如社交媒体、数字标牌等语言景观也逐渐成为新兴研究领域。

（2）理论意义的深化

国内学者从不同视角赋予语言景观新的阐释：1）城市文化论，刘楚群指出，语言景观是"城市文化的映像"，反映地域身份与集体记忆；2）语言服务观，李宇明强调，语言景观作为"城市文化风韵的直观体现"，需兼顾功能性（如信息传达）与象征性（如文化认同），服务于城市治理与形象建构。

综上所述，语言景观可界定为人类公共交际空间中所有以文本形式呈现的语言符号系统。作为社会语言学的重要研究对象，其研究范畴涵盖城市、乡村、旅游场所、居民社区等实体空间，以及虚拟网络公共空间；其载体形式包括传统标牌、广告，以及电子显示屏、网络界面等新兴媒介。尽管呈现载体存在差异，但语言景观的本质特征在于公共性——面向非特定受众的开放性符号传播。语言景观的交际过程具有独特的互动特性，它实现的是确定的发布者与不确定的受众之间的工具性互动或象征性互动，互动结果存在差异性。这种互动模式突破了 Austin 经典言语行为理论中"以言行事"的生理发声限制，形成了以物质文本为媒介的新型交际范式。

（二）语言景观的分类

不同的学者根据不同的研究角度，对语言景观进行了不同的分类。

1. 自上而下类与自下而上类语言景观

根据语言景观发布者的不同社会权势可将语言景观分为自上而下

类和自下而上类语言景观。自上而下类语言景观主要指标牌发布者为公共服务单位，比如政府单位、集体单位发布的路牌、警示标牌、文化宣传标牌等。在一定范围内，这些发布者也可以是特定地区的服务提供者，以城镇居民小区为例，小区里物业发布的各类服务标牌也属于自上而下类标牌，主要是为小区内的业主提供公共服务。自下而上类语言景观发布者主要是个人或社会集体，比如店铺招牌、车身广告、线上各类销售广告等。卢德平指出自上而下类语言景观更加重视语言权利，自下而上类语言景观更加考虑接受者的需求。

2. 典型语言景观与非典型语言景观

根据语言景观不同形态可将语言景观分为典型语言景观和非典型语言景观。典型语言景观主要包括公共标识、广告牌、店铺标识、各类标语口号、公共指示语等公共场合出现的语言文字；非典型语言景观指的是车身广告、涂鸦、游行标语、街头艺术、T恤文化衫、语言播报、线上网络公共界面等。尚国文、周先武指出，典型语言景观与非典型语言景观的不同主要在于其存在状态，典型语言景观是静止状态的，而非典型语言景观则是动态的，具有可移动性。典型语言景观存在时间较长，如政府服务公示语、道路路牌等，而非典型语言景观则在某一定点空间内存在时间较短，如街头涂鸦、游行语、车身广告、语音播报信息等。

一直以来，语言景观研究一直聚焦于典型语言景观，随着研究的不断深入，非典型语言景观才逐渐进入研究者的视野。较之典型语言景观，由于非典型语言景观的多模态性，导致文本收集较为困难，一直容易被研究者所忽视。但它具有语言景观的所有特征，实现了发布者的交际用途，反映了发布者的意识形态，体现了语言景观突显自我、充分理性、身份认同、权势关系等建构原则，因此典型语言景观与非典型语言景观都应该是语言景观的研究对象。

3. 政府服务型语言景观与私人服务型语言景观

根据语言景观发布者的不同可将语言景观分为政府服务型和私人服务型语言景观。语言景观发布者通过空间话语建构，为公众提供信息服务，信息发布者可以是政府，也可以是私人或社会团体。政府服务型语言景观主要是政府通过空间话语建构，向社会大众传递国家集体意识、大政方针、政策、社会公共服务内容等。其从语言形式选择上，坚决执行国家语言政策；从文本语体选择上，呈现较为官方，正式语体较多。私人服务型语言景观主要是私人、企事业单位或社会团体，通过空间话语建构，向社会大众传递其商品、服务信息。其从语言形式选择上，充分发挥语言的艺术张力，以新奇手段攫取受众的猎奇心理，以实现其经济功能；从文本语体选择上，呈现较为自由的语体风格。

（三）语言景观的功能

1. 信息功能

信息功能是语言景观的显性功能，也是其最基本的功能。Landry和 Bourhis 指出语言景观的信息功能体现在公共标识可以用于公共场合信息交流和受众获取服务上。语言景观作为空间语言，是独立于口语和书面语存在的第三种语言形态，作为一种特殊语言交流方式，它实现了语言景观发布者与受众的信息交流。语言景观制作者将其要发布的信息以语言景观的方式，借助多模态形式呈现在公共空间中，受众通过语言景观获取所需信息。

语用学指出，言语交际主要指基于已知信息而进行的未知信息的交流活动。如果言语片段传递的仅是已知信息，其交际价值则小；如果传递了一个新的消息，其交际价值则大。语言景观作为第三种语用形态，它发布的意图也在于信息的传递，实现语言景观发布者与受众之间的信息交流，当然对于不同类型的语言景观，信息传递和反馈机制会呈现不对等情况。总的来说，语言景观以空间为媒介，实现了发布者与受众的跨时空交流，对于双方而言，两者之间存在明显的信息差，正是这种信息差，才凸显了语言景观是人们获得公共服务的一种有效途径与方式。

2. 象征功能

象征功能是语言景观的第二基础功能。Landry 和 Bourhis 指出象征功能是语言景观的重要补充功能，它指语言景观能够映射不同语言的社会地位、权势及社会身份，是社会群体成员对语言价值和地位的理解。语言景观是空间的话语建构，能够表征地域空间的社会、文化、政治等社会性特质，反映了一个城市、一个地区乃至一个国家的语言生活状况，语言景观的象征功能在多民族地区表现得尤为显著。在多民族地区，公示语的多语标牌语码排列顺序象征着不同语言的语言权势，受众通过语言景观的象征功能，了解当地的语言政策。

公示语多语标牌中，语码的出现及排序象征着不同语言在当地的社会位置。在多民族地区中，语码出现的先后顺序象征着不同语言的权势，权势较高的一般放在最显眼的首位，占主导地位，然后依次排列其他语码形式。同时，在多语环境下，通过语言景观的象征功能，可以了解当地的语言政策，尤其是政府服务型语言景观。政府服务型语言景观的发布者为当地政府，其维护的是当地语言政策的权威性。旅游场所的语言景观除了在语言权力上有象征功能外，还能凸显文化的象征功能。以黄山市各旅游景点的语言景观为例，黄山市作为徽州文化的腹地，无论是政府服务型语言景观，还是私人服务型语言景观，都凸显了徽州文化特质，向所有旅游者传递的是徽州文化信息，具有"文化镜像功能"。

3. 经济功能

语言景观的经济功能是其基本功能的衍生功能，Xing Lu 将语言的经济功能称为语言景观的"经济有效性"。语言景观的基本功能为信息功能，受众通过语言景观的信息，产生直接或间接的消费行为，实现了经济价值，因此经济功能是在语言景观的信息功能基础上衍生而来的。语言景观的经济功能在私人服务型语言景观中得到了最直观的体现。私人服务型语言景观是个人或集体单位为了向公众提供商品信息服务而发布的，其制作动机是获取经济效益。受众在发布的语言景观影响下，产生直接或间接的消费行为，个人或集体单位获得消费收益，实现了语言景观的经济功能。

为了实现语言景观的经济功能，发布者为了满足受众的猎奇心理和对新信息元素获知的需求，经常会采用多元素混合的方式制作语言景观。旅游场所的语言景观无论是私人服务型还是政府服务型都体现和实现了经济功能，旅游者作为旅游场所的受众，当他们来到该旅游场所时就已经产生了一定的消费行为。对旅游场所的私人服务型语言景观而言，每一名旅游者都是潜在的消费客户，都会产生直接或间接的消费行为，从而实现语言景观的经济功能。

（四）语言景观的研究方法

1. 定量研究与定性研究相结合

传统语言学研究很少采用定量研究方法，语言学家多通过如实记录语言材料，归纳总结语言存在的客观规律。如以乔姆斯基为代表的生成语言学派，其基本的研究方法为假设与验证。语言材料主要来源于语言的使用者，有时甚至以自己为研究对象。而社会语言学则不同，通常采用实地调查的方法，即"对社会和语言材料通过有计划的抽样和定量的统计分析，得出概率性的语言规则"。

定量研究是语言景观研究中经常采用的重要研究方法。语言景观定量研究主要是调查不同地域空间内的各类语言标牌，除了有路牌、广告牌、店铺招牌、地名标牌等典型语言景观外，还有各类横幅、海报、车身广告、电子显示屏、涂鸦等非典型语言景观。采集的方法主要为拍照，媒介可以是数码相机也可以是手机。智能手机普及后，手机摄像分辨率不断提高，照片清晰度都较为理想，给语言景观调查提供了便利的条件，研究者只需要携带一部手机就可以完成语料的田野采集。

地理空间巨大，因而哪个地理空间内的语言景观是研究者所需要采集的，如何选择代表性空间内的语言景观成为研究者需要确定的另一个重要主题。以黄山市旅游景区的语言景观调查为例，研究者将黄山市内具有代表性的旅游场所作为调查对象，除了黄山风景区地理范围较大以外，其他旅游景点的地理范围则比较有限，因此语言景观采集点主要是各旅游景点对游客开放的区域。为了了解语言景观发布者的构建动机和语言景观受众的感知度，在田野调查中还将辅以问卷、访谈的形式。

语料采集完成以后，研究者将对语料进行分类统计，主要按照发布者的不同分为政府服务型和私人服务型，以及按照语码类型分为单语标牌与多语标牌等。定量研究实现后，将对语言景观进行定性研究。定性研究主要研究语言景观的语言使用问题，主要有官方语言政策与具体语言实践之间的差异、多语形式的选择功能等。因此，语言景观研究主要采用定量研究与定性研究相结合的研究方法。

2. 民族志调查方法

民族志调查方法是社会学研究中常采用的重要研究方法。语言景观在学科归属上属于社会语言学，作为语用学与社会学的交叉学科，社会学的很多重要理论和研究方法都被借鉴到语言景观研究中。卢德平提出语言景观需要采用民族志调查方法中的"深描"手段，语言景观的民族志调查方法是指将语言景观作为一种社会元素，从细节描述来解释其成立的缘由。语言景观是"地理空间和社会空间相互叠加转化所构成"，它是"动态的社会成分"，因此，研究者可以采用民族志调查方法，深入观察语言景观的建构发布及影响机制。

二、黄山市介绍

（一）地理介绍

黄山市是中国安徽省下辖地级市，位于安徽省最南端，皖、浙、赣三省交界处，西南与江西省景德镇市浮梁县、上饶市婺源县交界，东南与浙江省衢州市开化县，杭州市淳安县、临安区为邻，东北与安徽省宣城市绩溪县、旌德县、泾县接壤，西北与池州市青阳县、石台县、东至县毗邻，总面积 9678 平方千米。截至 2024 年末，常住人口 131.7 万，现辖三区（屯溪区、黄山区、徽州区）四县（歙县、休宁县、黟县、祁门），市政府驻屯溪区。

黄山市境内风光奇绝，拥有 12 处国家级重点风景名胜区、自然保护区、森林公园、地质公园，56 家 61 处 A 级以上景区，其中 5A 级 3 家 8 处、4A 级 22 处。境内的黄山集世界文化与自然遗产、世界地质公园、世界生物圈保护区网络成员于一身，有"山水画廊"之称的新安江是华东地区重要的战略水源地。"黄山情侣"太平湖、道教圣地齐云山、国家地质公园牯牛降、"世界奇观"花山谜窟等诸多高品位景点遍布黄山周边。310 处国家级传统古村落、492 处省级传统村落坐落于黄山市全境，其中较为知名的有西递、宏村、呈坎、潜口、雄村等。作为古徽州腹地，黄山市拥有与藏文化、敦煌文化并称"中国三大地方显学"的徽州文化，新安画派、新安医学、徽派建筑、徽州四雕影响至今。

（二）黄山市旅游经济发展现状

一直以来，交通都是制约黄山市经济发展的瓶颈，2015 年 6 月 28

日，京福高铁合（合肥）福（福州）段正式通车，黄山市告别了没有高铁的历史，同时也迎来了新的发展契机，尤其是旅游业。2015 年"十一"黄金周，黄山市接待游客 540.26 万人次，旅游总收入 33.08 亿元，分别同比增长 10.1％和 10.3％。2018 年 12 月 25 日，黄山市第二条高铁——杭黄高铁开通。杭黄高铁将黄山与杭州西湖、千岛湖、太平湖串联于一线，被誉为"世界级黄金旅游线"。截至 2024 年末，黄山市旅客运输总量为 2317.7 万人次，比上年增长 15.5％。其中，公路 1508.3 万人次，增长 10％；水运 114.7 万人次，下降 5.6％；铁路（含高铁）652.5 万人次，增长 42.6％；民航旅客吞吐量 42.2 万人次，下降 26.5％。

2024 年 4 月 26 日，黄山西站正式运营，池黄高铁正式通车，黄山与九华山也实现了串联。在黄山市的铁路规划中，黄山地区将分期规划建设昌景黄、池黄、阜六景、宿松至黄山至宣城、黄山至衢州、黄山经临安至杭州等 6 条铁路，至 2040 年黄山市域铁路网将直接衔接池州、铜陵、宣城、杭州、金华、衢州、上饶、景德镇等周边 8 个地级市，以黄山北站为中心，覆盖黄山市域 3 区 4 县。

公共交通的发展助推了黄山市旅游经济的发展。截至 2024 年末，在全市常住人口仅 131.7 万人的情况下，黄山市实现全年地区生产总值（GDP）1134 亿元，第一产业增加值 82.5 亿元，第二产业增加值 365.2 亿元，第三产业增加值 686.3 亿元。从产业结构上看，第三产业为黄山市经济增长的主要增长点。在丰富旅游资源的支持下，2023 年全市接待国内外游客 8326.6 万人次，旅游总收入 743.1 亿元，较 2022 年增长 57.8％，其中黄山风景区接待国内外游客 457.46 万人，较 2022 年增长 227.5％；门票收入 5.6 亿元，较 2022 年增长 249.4％。2019—2023 年黄山市旅游接待量如图 1-1 所示。

万人次

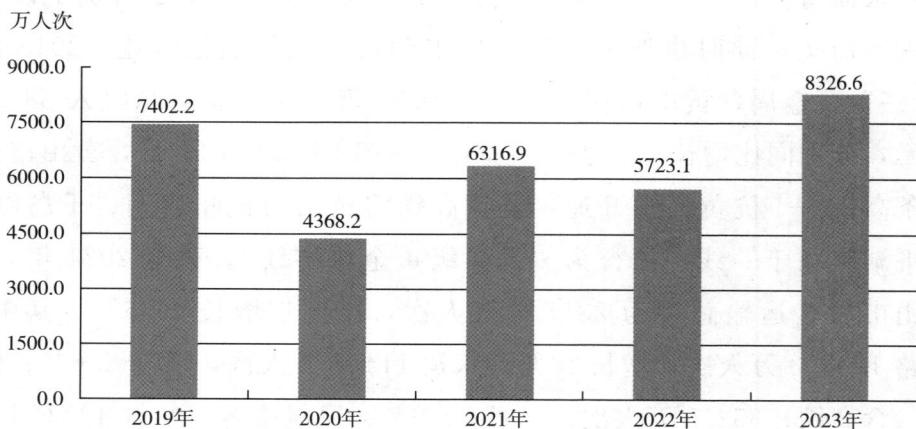

图 1-1　2019—2023 年黄山市旅游接待量

从图 1-1 可以看出，2019 年，黄山市旅游接待量为 7402.2 万人次；疫情出现后，黄山市旅游接待量明显下滑；2023 年，在多种因素的影响下，黄山市旅游接待量增长至 8326.6 万人次，较之 2022 年，增长了 2603.5 万人次。作为以旅游为支柱产业的城市，旅游总收入一直占据黄山市地区生产总值的重要部分。2021 年黄山市 GDP 为 957.4 亿元，其中旅游总收入 538.1 亿元，占比 56.2%；2022 年 GDP 为 1002.3 亿元，旅游总收入 470.8 亿元，占比 47%；2023 年 GDP 为 1046.3 亿元，旅游总收入 743.1 亿元，占比 71%。从以上统计数据可以看出，黄山市的旅游总收入在地区 GDP 占比不断攀升，成为影响黄山市经济发展的重要产业。

三、徽州文化的历史地位与当代价值

徽州文化作为中国三大地方显学之一（与藏文化、敦煌文化并列），是研究中华传统文化的重要标本。尽管历史行政区划有所调整，但黄山市作为徽州文化的核心区域，仍保存着极其丰富的文化遗产资源。据统计，黄山市现有国家级传统村落 310 处、省级传统村落 492

处、历史建筑 4072 处；拥有国家级和省级非物质文化遗产代表性传承人近 200 位，非物质文化遗产项目千余项，历史文化遗存约 8000 处，文书文献百万件，这些指标均位居全国前列、安徽省首位。特别值得注意的是，黄山市是全国少数同时拥有文化自然"双世遗"和历史文化"双名城"称号的地区。其中，徽派建筑和徽州四雕等物质文化遗产在黄山市得到了较为完整的保存，为当地旅游业发展提供了独特的资源优势。

从文化内涵来看，徽州文化不仅体现在物质文化遗产方面，更体现在精神文化遗产方面。在艺术领域，新安画派影响深远；在医学方面，新安医学自成体系；在饮食文化方面，徽菜作为中国八大菜系之一，已成为旅游者体验当地文化的重要载体。据《中国人名大辞典》统计，清末以前历代名人中徽州籍人士达 800 余位，包括朱熹、戴震、王茂荫、黄宾虹、陶行知、胡适等杰出代表。此外，作为京剧源头的徽剧，以及祁门目连戏等地方戏剧（已列入国家级非物质文化遗产）都彰显着徽州文化的深厚底蕴。

基于黄山市丰富的旅游资源，本书重点关注国际旅游城市形象构建中的语言服务问题，选取黄山风景区、屯溪区旅游景点及典型古村落为研究对象，采用实地调查法，对语言景观进行系统考察，旨在：（1）分析各旅游景点语言景观的现状特征；（2）识别当前语言服务体系的不足；（3）提出优化建议；（4）探讨语言景观建设的必要性及发展方向。本书的研究成果将为地方政府提升语言服务能力、完善语言规划提供专业参考，从而更好地促进当地旅游经济的发展。

小　结

本章主要介绍了语言景观理论的缘起及发展，通过梳理发现，将语言景观理论引入国内者，其理论内容和研究对象都得到了进一步的延展。根据语言景观发布者的不同权势，语言景观可分为自上而下类和自下而上类语言景观；根据其存在的不同形态，语言景观可分为典型和非典型语言景观；根据发布者的不同，语言景观又可分为政府服务型和私人服务型语言景观。语言景观作为社会语言学的研究对象，可采用定量分析法、定性分析法和民族志调查法来进行研究。黄山市各旅游场所的旅游景观是特定场所内的语言景观，既拥有语言景观的一般特征，又具有独特性。

第二章　屯溪老街与黎阳 in 巷语言景观调查

　　中国是世界上国土面积排名第三的国家，有 600 多个大大小小的城市，不同地域的城市在发展过程中，将中华优秀传统文化与自身的独特性相融合，形成了地域风情各异的城市文化。在开展城市语言景观分析时，不仅要关注语言景观自身，更要重视城市语言景观背后的城市文化，以及城市所传承的当地居民的精神文化。黄山，这座以名山和徽州文化著称的城市，吸引了来自国内外的无数旅游者，这不仅促进了黄山市的文化交流与传播，更深深影响了当地的城市语言景观。随处可见的多语标牌和徽州文化语言景观，不仅给来自五湖四海的旅游者提供了方便，也体现了黄山市的文化底蕴。

　　为了对黄山市语言景观进行调查，调查组遵循以下三条原则来选取调查区域与店铺：第一，黄山市是旅游城市，因此选择调查区域为黄山市市区重要的旅游街道——屯溪老街与黎阳 in 巷，该区域人流量充足，语言景观受众多。第二，同一家店铺如果分店距离过近，在选取样本时只选取一个样本。第三，同一家店铺不同分店呈现的语言景观种类较多，那么分别对其进行收集。通过这种方法，共收集屯溪旅游街道语言景观图片 1888 张。除了通过拍照来收集屯溪旅游街道语言景观的数据外，调查组还结合访谈法对该区域语言景观进行深入了解。

一、语言景观数据分析

为了更加简单明了地了解屯溪老街与黎阳 in 巷语言景观现状，现将该区域的语言景观分为两种类型：一类为政府服务型语言景观，即政府为了满足市民、旅游者等需要而设立的路牌、提示语、警示语等公共标识语；另一类为私人服务型语言景观，如店铺名、店铺历史介绍、产品介绍标牌、广告牌等，这类语言景观是个人或企业为了实现商业意图而设定的，较之政府服务型语言景观，私人服务型语言景观变化速度快，稳定性较差。政府服务型语言景观主要由政府机关设立，体现国家及地方政府的话语立场与行为；私人服务型语言景观由个体或企业制作而成，受限制较少，语言形式多样。屯溪老街与黎阳 in 巷语言景观类型分布见表 2-1 所列。

表 2-1　屯溪老街与黎阳 in 巷语言景观类型分布

类　　型	数　　量	所占比例
政府服务型	829	44％
私人服务型	1059	56％
合　　计	1888	100％

从表 2-1 可以看出，在所有语言景观中，私人服务型语言景观数量较多，占到了总量的 56％，而政府服务型语言景观数量较少，只占 44％。政府服务型语言景观不仅反映了政府政策及态度，同时也体现了当地语言的权势、地位等。私人服务型语言景观则是个人或集体为了实现经济效益，以营销其商品或服务为目的而制作的，它直接体现了语言景观的经济功能。

二、政府服务型语言景观现状调查

（一）政府服务型语言景观的功能分析

语言景观拥有信息和象征两个重要功能，信息功能指的是语言景观可以为人们提供信息，让人们了解一个地区语言的基本情况及特征；象征功能指的是语言景观体现了当地城市的语言权势和社会身份。

1. 信息功能

语言景观的信息功能主要包括地理定位功能、方向导示功能、文化宣传功能和警示功能。

地理定位功能主要体现在地理标识与标牌上，它是官方标识系统最基本的功能。凡是用来区分和辨别地理位置的标识与标牌都是定位标牌，比如城市中的一些标识牌、重要基础设施的标志、场所门牌等。地理定位功能语言景观示例如图 2-1 所示。

图 2-1 地理定位功能语言景观示例

方向导示功能主要体现在方向指示牌中，它提供附近重要地点的方向指示，一般出现在城市环境或公共场所，如道路路牌等。方向导示功能语言景观示例如图 2-2 所示。

图 2-2 方向导示功能语言景观示例

在政府服务型语言景观中，有些是用来宣传国家方针政策的，有些是用来宣传地方文化的，还有些是用来宣传社会公德的，它们的主要作用都是宣传教育，这便是语言景观的文化宣传功能。文化宣传功能语言景观示例如图 2-3 所示。

图 2-3 文化宣传功能语言景观示例

在政府服务型语言景观中，经常看到各种提示语、警示语，主要是提醒受众需要注意的事项。这些提示警示语体现了语言景观的警示功能。警示功能语言景观示例如图 2-4 所示。

图 2-4 警示功能语言景观示例

这些内容丰富、形式多样的政府服务型语言景观，不仅给黄山市的居民以及游客提供了巨大的便利，也保障了人们的出行安全。

2. 象征功能

政府服务型语言景观不仅拥有丰富的信息功能，还具有象征功能。语言景观的象征功能可以反映出语言的权势与社会地位，在多语社区或街道中，语言景观的象征功能更加明显。英语作为全球通用型语言，一度成为语言景观国际化的标准，判断一个地区是否具有国际化特征，一个重要标准就是观察英语在语言景观中的凸显度，如果英语成为仅次于权势语言的第二语言，则说明该地区的国际化程度较高，反之则说明该地区国际化程度较低。在分析黄山市政府服务型语言景观资料中的外语情况后发现，英语占比最高，日语、韩语也占据了一定的比重，并且两者基本上会同时出现，出现比重持平。在调查中发现，汉语在黄山市是绝对权势语言，英语出现场合低于30%，主要用于一些特殊警示语或提示语，可见黄山市的国际化程度与其定位还存在一定差距。

黄山市既是徽商故里，又是徽州文化的重要发源地。徽州文化涵盖政治、哲学、经济、历史、医学、科技、艺术、生活等诸多领域，博大精深，源远流长。在黄山市的政府服务型语言景观之中，徽州文化内容随处可见。屯溪老街与黎阳 in 巷这类街道遍布徽派建筑等历史文物，同时街道上由政府制作的徽州文化历史名人名言屡见不鲜，徽州文化在当地政府服务型语言景观中占据优势地位。可见，政府服务型语言景观直接体现了当地政府的宣传意图，象征着黄山市作为徽州文化发源地的一种深度文化自信。

（二）政府服务型语言景观的文本分析

语言景观中，语言是本质，它们依托于不同的物质媒介，向受众提供不同内容的语言服务。政府服务型语言景观发布者为政府，它是政府语言规划的一种具体行为，也是政府语言政策的直观体现。较之私人服务型语言景观，政府服务型语言景观的制作更为标准化，模式也更为固定，下面将从修辞和词汇两个方面展开对政府服务型语言景观的文本解读。

1. 政府服务型语言景观的修辞特征

修辞是日常生活中经常会使用的一种语用手段。通过对所收集的黄山市语言景观资料进行文本分析发现，政府服务型语言景观经常会使用对偶这一修辞手法，类似于名人名言的话语构式，主要目的是方便人们记忆或理解，读起来朗朗上口，提高语言的趣味性，如"无德人不可信，无信人不可交"（宣传诚信的社会公德）；"留影留景留微笑，不留垃圾在地上"（提示游客不要乱扔垃圾）等。

2. 政府服务型语言景观中地名词汇特征

一种语言是由语音、词汇和语法共同组成，语音是语言的物质载体，词汇是语言的重要表述内容，语法是语言的构成手段，三者中词汇发展变化速度较快。随着城市建设的发展，以前的巷道胡同慢慢被拆除，被现代化的小区和城市街道所取代。值得庆幸的是，我们所调查的屯溪老街和黎阳 in 巷，却保留了很多古建筑，尤其是屯溪老街，街内不仅保留了大部分古建筑，还保留了以前的巷道胡同。为了便于旅游者了解老街胡同的地名文化，当地政府对每条巷道胡同的命名来由都做出了解释，并制作了标牌。如新河巷：此巷旧时因巷内开设有当铺而被命名为当铺巷，1979 年改名为新河巷；榆林巷：此巷过去是率水和横江航船的停靠码头及街市沟通的巷道，也是渔民出入集市必经之路，故称渔民巷，俗称鱼鳞巷，"榆林"是屯溪方言"鱼鳞"的谐音，故又称榆林巷。除了上述两个巷道名称以外，屯溪老街还有枫林巷、李洪巷、祁红巷等，"巷"这个词在地名中得到了较好的保存。这些地名词汇在音节构成上，主要是三音节形式；在构词方式上，主要采用"X＋巷"的构词方式。

三、私人服务型语言景观现状调查

私人服务型语言景观是指个体或企业为了商业用途进行信息介绍推广的标牌，如店名、广告牌、海报等。私人服务型语言景观主要用于商业服务，更多体现的是个体意志，因此从构建方式与文本内容上较之政府服务型语言景观，其风格较为自由。

（一）私人服务型语言景观的语码分析

语言景观的语码主要是指语言景观中出现的语言载体形式。政府服务型语言景观由于是由政府设立，它需要完全体现政府的语言政策，因此语码形式较为单一，以简体中文为主体，其他类型语言则出现次数较少，语码种类并不丰富。与其相比，私人服务型语言景观不仅形式多样，而且语码种类丰富。在调查过程中发现，黎阳 in 巷中私人服务型语言景观出现了中文、英文、日文、韩文四种主要类型的语码，具体分布见表 2-2 所列。

表 2-2　黎阳 in 巷中私人服务型语言景观语码类型数量分布

语言类别	数　量
中　文	165
英　文	94
日　文	3
韩　文	9

从表 2-2 可以看出，黎阳 in 巷私人服务型语言景观的语码主要有中英日韩四类，中文出现的频率最高，英文第二，韩文第三，日文出现的频率则最低。根据语言标牌出现的语码数量来看，黎阳 in 巷中私人标牌可以分为单语标牌、双语标牌、多语标牌三大类。黎阳 in 巷中各类语言标牌的数量及占比见表 2-3 所列。

表 2-3　黎阳 in 巷中各类语言标牌的数量及占比

语码类别	数　量	百分比
单　语	169	61.4％
双　语	97	35.3％
多　语	9	3.3％

从表 2-3 可以看出，黎阳 in 巷中私人服务型语言景观中，单语标牌 169 个，双语标牌 97 个，多语标牌 9 个。单语标牌的使用次数最

高，其次是双语标牌，多语标牌使用的次数最少。在未来，为了将黄山市建成国际性旅游城市，迎接更多的外国旅游者，提升店铺的知名度，私人服务型语言景观中双语或多语的语言标牌使用次数将会呈现不断增加的趋势。

（二）私人服务型语言景观的文本分析

对于私人服务型语言景观，可以通过对其文本进行分析，来了解城市背后的文化内涵。

1. 私人服务型语言景观的修辞特征

私人服务型语言景观大多是为了招揽顾客，吸引人们的注意力，因此与政府服务型语言景观相比，会使用更多的修辞手段。

第一，采用了"谐音双关"的修辞手段。谐音双关，就是利用音同或音近的条件构成的双关。比如"脉咖啡"，其中"脉"与"卖"谐音，不仅说明店铺的主要售卖商品为咖啡，也表达了店铺经营咖啡历史悠久，是一家一脉相承的咖啡店铺；又如"周一碗"，"周"与"粥"谐音，店铺名已经向受众传递了该店铺销售的产品信息，还道出了店铺老板的姓氏信息，具有鲜明的特点。

第二，采用了"夸张"的修辞手段。夸张是指对事物的形象、特征、作用、程度等方面有意夸大或缩小的修辞方式。比如"佰家千味"，通过对自家菜品种类进行夸张的介绍，从而吸引客人。

第三，采用"反语"的修辞手段。反语又称"倒反""反说""反辞"等，即通常所说的"说反话"，运用跟本意相反的词语来表达此意，以增强言语表达的效果。比如"夺命串串"这个店铺标牌，运用反语，借"夺命"这个与美味完全相反的词语，来夸赞自家食物的美味。

2. 私人服务型语言景观的词汇分析

首先，在收集的私人服务型语言景观资料中，历史遗留的构词元素有很多种，如"斋、坊、园、轩、阁"等体现高雅别致场所文化的词汇，它们作为词缀，附着在名词之后，形成店铺名，以达到向受众彰显其店铺的传统文化底蕴与不凡的售货品质。

其次，保留了大量的地名和姓氏。黎阳in巷及其他街道都存在大量的老字号商铺，如谢裕大茶行、胡开文墨坊等店铺。该类店铺都以创始人姓名作为店铺名，经历了几代人的传承与发展，目前已经形成规模化发展，尤其是谢裕大茶行，其经营范围已不仅仅局限于黄山市，还扩展到了全国乃至海外。

3. 私人服务型语言景观的音节特征

音节是由一个或几个音素组成的语音单位。通过对所收集到的样本分析发现，虽然私人服务型语言景观中音节的长度不一致，但还是有规律可循的。其中，单音节标牌的数量较少，三到五音节的标牌数量较多。出现这种情况的主要原因在于标牌音节过短不利于店铺信息的传播与推广，这与商家的目标不符。很多店铺为了展现自身的独特性和宣传自己的商品，都不约而同地使用长音节作为自己的店铺名，如"印象重庆火锅店"。

四、屯溪老街与黎阳 in 巷语言景观存在的问题及提升建议

（一）存在的问题

通过对屯溪老街与黎阳in巷语言景观的收集和分析处理，发现其中也存在一些需要商榷的地方。

1. 政府服务型语言景观存在的问题

（1）信息功能的缺失

虽然黄山市的政府服务型语言景观中有不少多语语码，如黎阳in巷，但是在大部分场合还是以汉语为主，英语等其他语言形式出现较少。在屯溪老街语言景观调查中发现，政府服务型语言景观中英语出

现的概率较低，多是以汉语拼音形式出现，其他的语言形式更少，这会对来自国外、不认识汉字的旅游者造成严重的信息缺失。屯溪老街是黄山市市区的传统旅游街道，历史悠久，这样一处经典的旅游街道如何更好地吸引全世界的旅游者，需要当地政府深入思考，其中重要一点就是完善政府服务型语言景观的设定。

（2）翻译标准不一

政府服务型语言景观在部分英文的翻译上也或多或少存在一些问题，其中最显眼的问题就体现在地名的翻译上，如有的地名采用的是汉语拼音的方式，而有的又采用英文翻译的形式。造成上述现象的原因主要是管理部门对于城市语言景观的管理区域划分不同与各自为政。有的管理机构认为地名翻译应该尊重中文的语言文化特点，采用汉语拼音来标识地名或路名，有的管理机构则采用汉语拼音与英文翻译相结合的方式来标识地名与路名，导致公共标识翻译原则不统一，显得较为混乱。

2. 私人服务型语言景观存在的问题

通过对屯溪老街与黎阳 in 巷中店铺招牌进行分析发现，有一些私人店主为了吸引眼球，以一个汉字的部件来命名店铺，或者将汉字的部件拆开使用。对于母语是汉语的成年人而言，识别汉字一般没有问题，但是对于一些处于汉语学习启蒙阶段的孩子和外国旅游者而言，却存在误导的风险。

（二）提升建议

1. 政府方面

一个城市的语言景观，不仅反映了城市的现状以及风貌，也体现了城市蕴含的文化底蕴。面对政府服务型语言景观中不规范的情况，当地政府要提高服务意识，加强对城市语言景观的规范化。因此，当地政府在提出黄山市国际性旅游城市定位后，一定要将"国际性"这一定位落到实处与细处。

政府服务型语言景观不仅能直接体现政府的语言服务水准，还能够反应黄山市国际化水平的高低。随着黄山市国际性旅游城市建设工作的不断推进，屯溪老街和黎阳 in 巷作为市区两个典型性旅游场所，当地政府应加大对其政府服务型语言景观的建设，凸显当地的外语服务能力。当前，较之黎阳 in 巷的语言景观，屯溪老街在政府服务型语言景观的规划和设计上，确实还存有较大提升空间。此外，当地政府的不同部门要统一公共标识中的地名、路名的英文翻译标准，对特定的地名、人名等专有名词建议采用拼音的方式直接标注，一来可以保持特殊的文化内涵，二来可以避免产生一些词汇错误，而且拼音标注法也是被外界所能接受的。

2. 私人商户方面

私人商户应该及时了解国家关于语言文字的规定，规范使用汉字，同时还应该接受当地政府的统一管理，为把黄山市打造成一个国际化大都市贡献自己的一份力量。

小　结

语言景观调查采用的是实地调研的方式，用写实性的手法，从语言的角度描写某个地区人们的语言生活现状。本章通过对屯溪老街与黎阳 in 巷语言景观调查分析，发现无论是政府服务型语言景观还是私人服务型语言景观，都成功塑造出了黄山市独具徽州文化特色的城市面貌，但在语言景观的建设上，还存在信息功能缺失、翻译标准不统一等问题。未来随着黄山市国际性旅游城市建设的推进，在克服当前存在问题的前提下，如何从语言景观角度打造符合黄山市独特地域特色的国际旅游城市形象，值得我们进一步思考，也是我们今后研究的努力方向。

第三章　徽州古村落旅游景点之
西递、宏村语言景观调查

　　旅游景区的语言景观调查一直是语言景观研究的热点话题，自语言景观研究理论和方法传入国内后，从 20 世纪 90 年代末开始，随着城市建设和旅游业的快速发展，语言景观逐渐成为国内学者研究的重点领域。近年来，随着乡村全面振兴的各项政策的不断落地，城镇化空间布局得到进一步完善，城市品质逐渐提升，促进了语言景观的研究和应用。从景观的角度看，语言景观的审美功能和文化特征得到进一步的诠释。徽州古镇是一种具有中国独特历史人文特征的景观，这些年黄山市充分利用本地丰富的古建筑和文化资源，大力发展旅游业，使得很多徽州古镇重获了发展活力。

　　西递、宏村位于黄山市黟县，是皖南古村落的典型代表。西递被称为古黟桃花源，始建于北宋年间，已有九百余年历史，村落以一条纵向的街道和两条沿溪的道路为主要骨架，构成东向为主，向南北延伸的村落街巷系统。宏村位于黟县县城西北角，始建于北宋，距今已近千年，全村造型似一头青牛，村内人工水系发达，其以独特造型和绝妙的田园风光被誉为"中国画里乡村"。两座村落以徽式古建筑为主，于 2000 年被联合国教科文组织列入"世界文化遗产名录"，于 2011 年被授予"5A 级旅游景区"称号，又于 2012 年，被列入第一批中国传统村落名录。西递、宏村成为徽州地区古村落的代表，旅游的发展也走在其他徽州古村落的前面。

一、景区内语言景观语言种类分布

（一）标牌语码数量与类型

从语言景观标牌中出现的语码类型多少，我们将标牌分为单语标牌、双语标牌和多语标牌，单语标牌仅出现一种语码类型，双语标牌出现两种语码类型，多语标牌出现两种以上的语码类型。西递、宏村调研小组共采集 359 块标牌，其中单语标牌 25 块，主要为中文，占6.9%；双语标牌 85 块，主要是中文加英文，占 23.7%；多语标牌249 块，主要是中文、英文、日文和韩文共现，占 69.4%。西递、宏村标牌的语码类型分布见表 3-1 所列。根据调查发现，西递、宏村地区的大型立体导览图标牌基本上是多语标牌，中文、英文、日文和韩文共现，其中中文处于第一顺位并且字体也最大、最醒目，下方依次是英文、日文、韩文。另外路口的指示牌也是相同情况，中文始终处于第一位置。在其他一些景点的介绍牌和警示牌中，多存在中文和英文两类语码，少量标牌仅有中文语码。

表 3-1　西递、宏村标牌的语码类型分布

语码类型	数　量/块	所占比例
单　语（中）	25	6.9%
双　语（中＋英）	85	23.7%
多　语（中＋英＋日＋韩）	249	69.4%
合　计	359	100%

由此可见，在西递、宏村中，中文为优势语码，占绝对主导地位，英文为首选外语，日文、韩文语言权势依次递减。从多语标牌的语言权势可以看出当地的语言政策，在中国，中文为国家官方语言，语言

权势最高，所有公示标牌都要以规范汉字为主要语码类型提供公共服务，而且位置也最为明显。同时，英文是中国最重要的外语类型，为第一外语，因此多语标牌中第二位置为英文，并且在双语标牌中，也只设定中文与英文。另外，标牌中没有出现中国的少数民族语言，可以看出西递、宏村的本地居民主要为汉族。

西递、宏村作为中国 5A 级景区，每年接待的旅游者不计其数，其中也包括了大量的海外旅游者，所以标牌的语码类型在以中文为主的基础上，也设立了英文、日文和韩文。多语言标牌的设置不仅方便了国外友人的旅游出行，也优化了国外友人的出行体验。在西递、宏村，英文在语言景观中出现的比例已经达到 93% 以上，仅次于中文，成为语言景观中中文的主要辅助语码，这也体现出了英文作为国际语言的优势。同时，英文作为国际化的标志，国际化程度越高，英语使用越普遍，西递、宏村作为古村落旅游目的地的典型代表，吸引了来自国内外大量的旅游者，其国际化水平相对于其他古村落而言，走在黄山市前列。

（二）标牌的优势语码与弱势语码

从多语标牌中，可以看到优势语码和弱势语码的排列次序，还可以了解优势语码和弱势语码在标牌上的不同展现方式和字刻。在双语或多语标牌中，优势语码和弱势语码的排列主要分为上下、左右和中间与边缘三个空间位置关系组合。在横向排版中，重要的语码通常位于其他语码的上方，而且字体也要更大，次要的语码则往下排列；在纵向排版中，重要的语码通常位于标牌的左侧，次要的语码则位于右侧；而在包围式排版中，重要的语码则通常居中，次要的则靠边。字刻是指标牌语言的呈现方式，字体的大小、形状、颜色等方面都能够体现语言的优劣地位。多语标牌示例如图 3-1 所示。

图 3-1 多语标牌示例

如图 3-1 所示,可以清晰地看到中文语码在标牌中非常显眼,处于每个标牌的最上方,英文语码紧随其后,而韩文则位于标牌下方。此外,从视觉效果上看,中文语码的视觉效果占据明显的优势,其字号明显偏大,字体加粗,在标牌中更容易被旅游者读取。统计发现,在多语语码标牌中,中文语码无论是在位置还是在字刻方面都占据了绝对的优势地位,是绝对的优势语码,英文、日文、韩文则为弱势语码。同时,在这几个外语语码中,英文的主导地位也显而易见。如图3-2 所示,此双语标牌除了有明显的中文语码外,还设置了英文语码，并且在所有的双语标牌中，只存在英文一种外国语码。

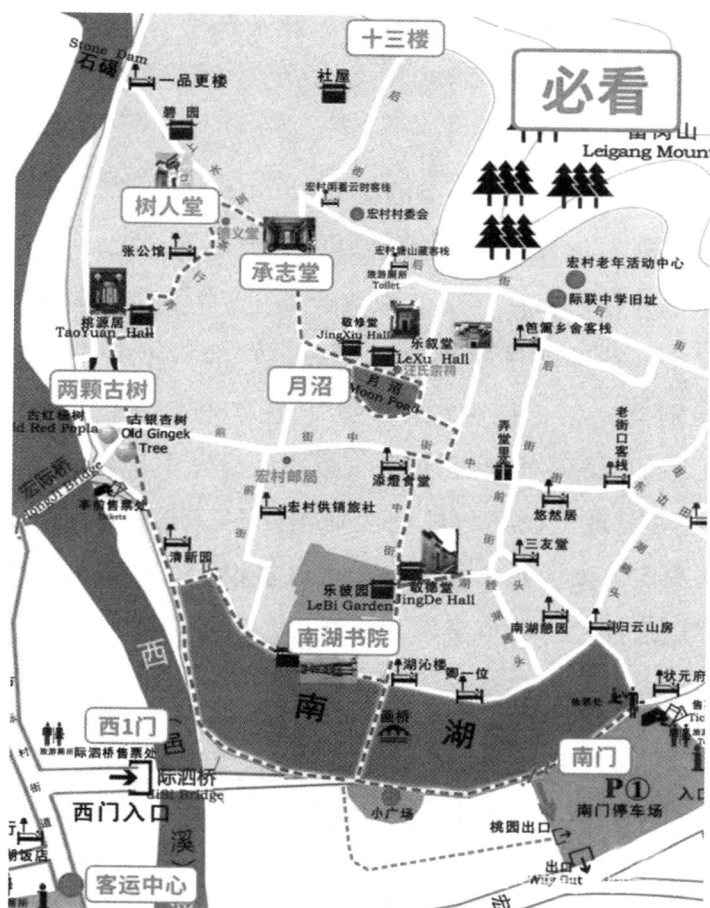

图 3-2　双语标牌示例

　　图 3-2 中出现的语码仅有中文和英文，与上文的多语标牌一样，中文显现度最高，可见无论是双语标牌还是多语标牌，中文均占据主要权势，在同一标牌中，中文的凸显度都高于其他语码，因为我国的语言政策决定了中文在政府服务型语言景观中以优势语码呈现。另外，英文语码和多语语码的建设也体现了西递、宏村在推动国际化建设上所取得的成绩。

（三）标牌的语言规范

西递、宏村地区的旅游标牌语码不规范主要表现为字体使用错误、英文翻译不完整、滥用翻译等。

1. 汉字使用不规范

如图 3-3 所示，图中民宿的名称是"依山半月"，字体的文本格式看起来是小篆字体，但经核查后发现并非小篆字体，只是看起来与正确的字体十分相似。从文字的规范性来说，"依"的字体形态确实不属于规范汉字，但是从景观的角度而言，它的构型非常具有美感，整个标牌设计别具一格，标牌的质地、颜色都与周边的环境融为一体，十分契合民宿的风格。因此，在语言景观的研究中，我们要注意对此种情况的分析。"美观"设计与规范性确实存在一定矛盾，但是语言景观中的文字从本质上来说是一种景观，可以被设计，所以如何将语言景观中的文字"规范性"与"审美性"相结合是值得标牌发布者思考的。

图 3-3 民宿"依山半月"标牌

2. 英文翻译不到位

西递、宏村的标牌在英文翻译方面，也存在着一些随意和翻译不完整的现象，如图3-4所示的警示牌，中文表示是"请勿在此处写生"，阐述的意思是不可以在这个地方写生，但是别的地方也许可以，也许不可以，而事实是在西递、宏村这样的旅游景区，有很多区域是允许写生的，但是英文翻译为"No Sketching"，意为"不要写生"，这样的翻译显而易见与中文原意有些出入，看似是个小问题，实则可能为那些从外国来此写生的旅游者增添了一些麻烦，影响旅游者的游玩体验。

图3-4　"请勿在此处写生"标牌

另外，还有一些警示牌上明明中文标注的是"请勿嬉水　注意安全"，英文翻译却变成了"Be safe No water"，其中的意思出入和语法错误更甚，首先"No water"这个英文词组就没有翻译出"请勿嬉水"的关键信息，"No water"的英文翻译是"没有水，无水"，英文的翻译与中文意思天差地别，并且会给该景区造成一些矛盾。在西递、宏村，山水环绕居民区，或深或浅的小溪流穿堂而过，旅游者在游览的过程中，穿梭在不同的水道边，确实需要小心谨慎，因此在水边设置这样的警示标牌十分有必要。而英文翻译却忽略了传达重要的危险信息，转而只是翻译为没有水，这样的安全提示既没有在关键地方给出相应的危险警告，也没有让这个警示标识起到真正的作用。

除了这些翻译不够完整、准确的情况，还有一种较为影响商家营业的情况，就是在翻译英文的时候，商家也许是为了标牌的简洁，就用其他的英文代替了本来的翻译，即没有表达出标牌的意思，也没有将商品的信息翻译明白。

如图 3-5 所示，此标牌的中文是"树滋堂"，英文翻译为"Tree house"，这种中式的翻译完全没有体现出标牌的原本意思与意境。但是，标牌中关于该店铺所售卖商品的英文翻译却比中文所提供的信息更加直接，更加便于受众理解。"茶乡"翻译为"Tea"，"酒香"翻译为"Wine"，"肉香"翻译为"Restaurant"，这几个英文词汇简单明了地向受众传递了商铺所售卖的商品信息。

图 3-5 "树滋堂"餐馆标牌

二、西递、宏村语言景观功能分析

语言景观根据发布单位的不同可分为政府服务型语言景观和私人服务型语言景观。在采集的 359 个语言景观中，政府服务型语言景观有 141 个，占比 39.3％，私人服务型语言景观有 218 个，占比 60.7％。西递、宏村政府服务型语言景观与私人服务型语言景观的占比情况见表 3-2 所列。

表 3-2　西递、宏村政府服务型语言景观与私人服务型语言景观的占比情况

标牌数量	数　量/块	所占比例
政府服务型语言景观	141	39.3％
私人服务型语言景观	218	60.7％
总　　计	359	100％

（一）政府服务型语言景观分类与功能

1. 政府服务型语言景观分类

西递、宏村中的政府服务型语言景观分为三类：指示类、介绍类、警示类。

指示类语言景观主要分布于景区内每个岔路的拐角口处，指示不同景点的方向，指示类语言景观上的分支小标牌也指向不同的方向。这些分支小标牌看似随意放置，其实指示的方向非常具体，能直观地对应到每个路口，并且指示类语言景观必须设置在最显眼的地方，每个指示牌之间不能相距太远或出现空缺。

介绍类语言景观主要用于向旅游者展示旅游景点的特色内容。一般来说，不同的旅游景区都会设置一些特色景点，这样才会吸引旅游者前来观光消费。在西递、宏村内，基本上每个特色景点都有一处介绍类语言景观，主要目的是介绍该处旅游景点的历史与特色，以方便

来往的旅游者。

警示类语言景观是景区管理者为了确保景区的安全、卫生、和谐和秩序而设置的，对旅游者和景区管理者都具有十分重要的意义。警示类语言景观的设置是保障旅游者安全的重要手段。比如，设置黄色的"小心台阶"提示标牌等，具有提醒旅游者注意脚下安全的作用；在水边或高台处设置"小心落水"和"禁止攀爬"标志，警示旅游者注意危险，增强旅游者的安全意识；在垃圾箱的位置标识"垃圾投放处"，则是为了保障游客有一个良好的游览环境。

2. 政府服务型语言景观的功能

（1）识别与记忆功能

所有的语言景观都具有识别与记忆功能，语言景观通过一系列的视觉手段传达标牌发布者的制作意图，如文字传达、符号标识、图像标识等。在文字传达中，标牌使用不同大小、颜色和字体的文字来传达特定的信息；在符号标识中，标牌使用特定的符号来传达特定的意图；图像标识则是通过图像的手段来传达信息，帮助旅游者快速识别和记忆特定的位置或事物。值得注意的是，三种视觉传达手段可以只使用一种，也可以结合使用。

（2）信息与提示功能

信息与提示是语言景观的基础功能，发布者制造各类标牌首先是为了传递信息，让所有的旅游者通过标牌获取自己所需的信息，如位置信息、警示信息等各类服务信息。景区内具有指示功能的标牌一般设置在沿途的信息指示牌上，不具备强制性，只起到服务与指示旅游者的作用，如"景区出口"指示牌，如图3-6所示。景区内指向各个景点的箭头图像、语言加图形的组合直截了当地发挥信息作用，从感情色彩上，指示牌上的词汇呈现中性色彩，不会向受众传达任何语言压迫感。

图 3-6　"景区出口"指示牌

（3）文化镜像功能

刘楚群称语言景观是城市文化面貌的映像，可以从中窥测城市的某些社会经济文化特征。日常生活中的语言景观可以反映出社会文化内涵及语言文化现象，进而能更好地发挥其文化宣传作用。西递、宏村作为黄山地区以徽州古民居著称的旅游景点，景区内各类徽州特色建筑数不胜数，同时展现徽州地区人民生活的书院、祠堂等场所也向旅游者开放。这些旅游景点都是一个个徽州文化的"符号"，向旅游者展现了古徽州人们丰富的精神世界与物质生活。西递、宏村的语言景观具有突出的文化镜像功能，深刻诠释着徽州文化，给旅游者带来了前所未有的文化体验盛宴。

（4）宣传与解说功能

"宣传"这个词在《现代汉语词典（第 7 版）》中被定义为"对群众说明讲解，使群众相信并跟着行动"。比如道路两旁的"社会主义核心价值观"的宣传标牌、草坪上的"爱护花草，爱护生灵"的公益宣传语，以及"景区防火，人人有责"的规范准则标牌等，如图 3-7 所示，都是具有宣传功能的标识牌。它们不仅是思想宣传的阵地，而且也包含着对公共行为进行号召的意义，受众可以自觉地遵守这些规范。这些标识牌的存在为公众提供了各种相关的信息，在公共道德教育、文明习惯养成和社会秩序维护等方面起到了一定的作用，同时也激发了人们的社会责任感和公民意识，使大家在日常生活中更加注重维护社会公德和社会共同利益，促进了社会和谐发展。

图 3-7　"景区防火　人人有责"标识牌

另外，景区标识中的景点介绍牌还具有介绍、解说景点和景物的功能，旅游者通过对这些标识标牌的阅览能大致了解景区景点的核心信息和特色，从而对导游的解说起到较好的补充作用。景区标识牌不仅介绍、指引旅游者游览，也对景点进行了介绍和宣传，从而促进了景区的发展。

（5）说明和管理

在景区内，人们可以看到很多说明类的语言景观，比如垃圾箱上的"可回收""不可回收"等标识，这反映了景区的环保意识。又如"世界遗产委员会已将皖南古村落——西递和宏村列入世界遗产目录"

"宏村古建筑群"及景区内其他碑文的介绍，如图3-8所示，这些标识牌的存在可以让旅游者初步了解西递和宏村的历史、文化及特色景点等，增强旅游者的游览体验。同时，这些标识牌中的语言运用并没有采取限制性的措辞，而是以一种友好、引导的方式来引导旅游者采取正确的行为，这种方式更加符合公共服务的宗旨，也更容易得到广大旅游者的认可和支持。说明类的标识牌对于加深旅游者对景区的认识、提高旅游者素质和促进公共行为的规范化发挥着重要的作用。

图3-8 "徽州古建筑群"标识牌

景区内公共场所的所有温馨提示牌能够起到对这些公共设施进行管理的功能，可以有效地提示旅游者注意安全，爱护公共设施。另外，旅游本身是一个短期内持续的知识化和开放化的过程，旅游者在旅游过程中耳濡目染，受到来自景点文化的熏陶，得到教育和启发，这也是旅游场所语言景观一个重要的衍生功能。

（二）私人服务型语言景观的分类及功能

1. 私人服务型语言景观分类

西递、宏村景区内的私人服务型语言景观包括民宿标牌和店铺标牌。私人服务型语言景观是以个人传播为目的，具有鲜明的个性和情感特征，符合大众的消费心理或审美需求，能被社会广泛接受并长期认可，可转化为商业价值的一种社会语言资源。它是公共场合私人语言标志，是个人信誉所在，体现了个人在别人心目中的价值、能力及作用。

2. 私人服务型语言景观的功能

（1）个人身份认证功能

商家在古村落景区中的个人标牌可以作为个人身份的一种认证方式，证明商家的身份和相关信息，方便商家的经营。政府工作人员和景区管理人员可以在店铺的经营过程中核对商家的身份，以保障店铺的合法规范经营，维护景区的经营秩序，同时也保护消费者的合法权益。

（2）推广徽州文化功能

作为一处历史文化名胜，徽州古村落景区不仅是游览的场所，也是展示徽州文化的重要窗口。旅游者在徽州古村落景区中的个人标牌上可以明确地看到徽州文化的特点，如文字、图案等。店铺的个人标牌可以用来展示和推广徽州文化，从而彰显古徽州的文化底蕴和旅游价值。

（3）个性化体验功能

徽州古村落作为旅游度假胜地，吸引了众多旅游者前来游览。为了提供更好的体验服务，部分个人标牌设置了一些个性化元素，根据网络流行语或者知名度较高的诗句等来定制自己的标牌，增强旅游者参观景区的个性化体验和趣味性。

三、西递、宏村语言景观建设不足与展望

（一）建设不足

语言景观是古徽州文化旅游区中可直接观察和研究的语言形态，它直观、生动地反映了旅游区的国际化水平和示范性水平。总体上看，西递、宏村旅游景区的语言景观形式丰富，标牌布置较合理，多语种标牌呈现显著，中文是主导语种，优势明显，英文则为外语语种中的强势语种，日韩语种次之。标牌语言执行了国家相关语言法律法规与政策的要求，基本满足了国际旅游市场的需求。但是，标牌的语言准确度不高，规范性亟须提高，国际化和示范化水平还需要进一步提升。

目前，西递、宏村语言景观商业性较强，私人标牌泛滥，官方标牌数量不足，部分地区官方标牌的位置摆放不妥，布局欠佳，并没有发挥应有的作用。经过实地调查和访谈可以发现，当前西递、宏村官方警示标牌与安全标语未能覆盖全域，且展现中华优秀传统文化的宣传标语屈指可数，这不利于西递、宏村的长远发展。

2016 年修订的《旅游景区质量等级的划分与评定》将"文化性"作为一个新增的亮点设定在 5A 景区的评定标准中，强调对景区整体文化程度的提升，以及对地方特色文化氛围的营造。目前，西递、宏村旅游景区语言景观的文化元素不突出，地域特色不明显，集中表现在标牌色彩质地不统一、设计风格不一致上。在整个调查研究中，私人企业的标牌都各具特色，运用各种网络热门词来改编、创造，或者直接搬来使用，虽然这些特色标牌能够引起顾客的兴趣，却或多或少地失去了明显的地域文化。比如，有的店铺标牌名是"半岛铁盒"，出自周杰伦的一首歌，毫无疑问周杰伦有着庞大的粉丝基础，在普通大众中有着较大的影响力，用这样的标牌，无疑会吸引一部分旅游者的注意，但是单纯从店铺名来看，这个标牌没有让旅游者得到任何的商品信息。可见，该类

标牌在缺少地域特色的同时，也对商品信息的宣传有一定局限性。

（二）未来展望

语言景观是公共空间生产和消费的物质媒介，其象征功能对于地域文化的维护、传承和重塑具有重要意义，因此其是文化景观的典型代表。设计风格、外观等方面都是旅游标牌重要的构成元素，它们与当地文化相契合，可以为公共空间注入独特的艺术气息和文化氛围。因而，在未来西递、宏村的语言景观建设中，可为标牌增添"粉墙黛瓦""马头墙"等地域文化符号，突出徽州的传统建筑技艺，充分利用徽州所具有的特色物质文化，丰富语言景观的文化性，以增加徽州古村落旅游区的主题性和文化性；同时应增加西递、宏村各类基础性官方标牌数量，优化其设置与布局，添加有关中华优秀传统文化的标牌；还可将徽州地区特色的民间传说或当地方言、方音、趣事融入于西递、宏村的政府服务型语言景观中，这样既可以塑造和推广徽州地域文化，又可以提高旅游者游览的趣味性。

小　结

本章在实地考察的基础上，调查了徽州古村落代表性旅游景点——西递和宏村的语言景观现状，描写了西递、宏村语言景观的语码数量与类型、语码的优劣势与地位情况，分别对其官方标牌与个人标牌的类型与功能进行了功能分析，总结了西递、宏村各类语言景观设置的优点与不足，并就西递、宏村未来的语言景观规划和设置提出了参考性意见。西递、宏村作为黄山市较先发展的古村落旅游景点，各项建设都趋于完善，但在语言景观的设置上还存在一些问题，这也启示我们在今后徽州古村落旅游景区语言景观的构建与规划中，应该更加注意标牌的规范性、准确性与审美性、文化性的结合，充分考虑和尊重旅游者的需求与喜好，力求为旅游者营造更好的旅游环境。

第四章　徽州古村落旅游景点之
呈坎语言景观调查

　　呈坎，旧时又名龙溪，寓意有水蜿蜒成龙，而呈坎的寓意显然要复杂一点，《易经》中呈为阳，坎为阴，呈是平地的意思，指的就是古村所处的平坦之处，而坎在《易经》中代表水，是八卦的卦象，呈坎地名中渗透着古徽州人"二气统一，天人合一"的八卦风水理论选址布局观，由于呈坎先人按照八卦布局来建设村落，因此呈坎又别名八卦村。呈坎人都说呈坎是"江南第一村"，这种自信是有出处的，宋代著名理学家朱熹赞称"呈坎双贤里，江南第一村"，现在更有"走进呈坎，一生无坎"之说传于民间。当前，呈坎已经成为徽州古村落旅游的又一胜地。

　　语言景观是社会语言学的一个研究领域，着重考察公共空间中各类语言标牌的象征意义。现实世界中的语言景观通过语言与空间的互动反映并塑造族群的权势和地位。目前对呈坎的研究主要集中于徽州文化，对呈坎的语言研究也主要集中于对其方言语音的研究，而鲜有对当地语言景观的研究。语言景观可以展示地区的社会文化语境，以及其他具体情况，反映语言冲突、语言接触、语言维持、语言迁移和语言活力等问题。因此，本章以徽州古村落呈坎语言景观为研究对象，通过对呈坎语言景观现状及呈坎语言景观背后的价值展开论述，总结其语言景观存在的不足之处并提出针对性意见。

通过实地调查走访，调查组共收集语言景观图片 497 张，下面将根据收集的原始语料对呈坎的语言景观进行分析。

一、呈坎语言景观现状

（一）语言景观的语码种类

呈坎景区总共出现了中文、英文、日文、韩文、法文 5 种语码种类。497 张照片中总共有 523 个标牌，其中中文共出现 522 次，在总的数量上占比最多，英文在所有外语中出现次数最多，共计 124 次，日文出现 32 次，韩文与法文也只分别出现了 32 次。呈坎标牌的语码情况见表 4-1 所列。

表 4-1 呈坎标牌的语码情况

语码类型	数　量
中　　文	522
英　　文	124
日　　文	32
韩　　文	32
法　　文	32

从表 4-1 可以看出呈坎景区中中文是优势语码，占总数的大部分，这说明呈坎景区语言生活现状与语言政策保持一致。我国有明确的语言文字法——《中华人民共和国国家通用语言文字法》，该法案于 2000 年 10 月 31 日通过，从 2001 年 1 月 1 日起施行。该法案第三条明确规定："国家推广普通话，推行规范汉字。"该法案第十三条规定："公共服务行业以规范汉字为基本的服务用字。因公共服务需要，招牌、广告、告示、标志牌等使用外国文字并同时使用中文的，应当使用规范汉字。"可见，我国语言政策明确规定规范汉字是公共服务的基本用字，在呈坎的实际语言生活中，主要语码类型为中文，这与我国

的语言政策保持一致。

（二）语码组合分析

首先对标牌上出现的语码进行分类，主要划分为单语、双语以及多语三个种类。只存在一种语言的归类为单语，比如只存在中文或英文；存在两种语言的归类为双语，比如中英文组合、中日文组合；存在三种及以上语言的划分为多语。呈坎标牌出现了多种组合，具体语码种类情况见表4-2所列。

表4-2　呈坎标牌的语码种类情况

语码结合类型	数　量	比　例
纯中文	438	83.8%
纯英文	1	0.2%
中文＋英文	52	9.9%
中文＋英文＋日文＋韩文＋法文	32	6.1%

从表4-2可以看出，单语标牌是占比最多的，达到84%；双语标牌次之，占比9.9%，和单语占比差距还是比较大的；多语标牌是占比最小的，只有6.1%，而且这些多语标牌大多为方向标牌、安全提示标牌等。在呈坎的语言景观中，中文的单语是占绝对优势的，而英文的单语是这几种语码种类中占比最少的，仅仅出现一次。由此可以看出，中文的单语以及中文加英文的双语是呈坎语言景观主要呈现的语码形式，反映出在旅游者类型全球化的发展趋势中，呈坎的双语标牌与多语标牌也在逐步增加与完善。

（三）标牌制造材质

标牌材质产生的意义包括永久性或持续性、暂时性或新近性、质量优劣等。我们在实地走访调查中发现呈坎标牌的制造材质多种多样。导致标牌材质出现差异的主要原因是制作标牌的人群不同，官方标牌材质会更加考虑标牌的牢固性和耐用性，而私人标牌考虑的是标牌材质适应时代以及市场的变化，从而起到吸引游客的作用。从收集到的497 张照片中随机抽取 100 个样本，对其制造材质进行分类汇总，具体见表 4 - 3 所列。

表 4 - 3　呈坎标牌的制造材质情况

材　质	数　量	比　例
木　制	23	23％
塑料制	16	16％
石　制	10	10％
竹　制	6	6％
纸　质	6	6％
金属制	37	37％
布　制	2	2％

通过表 4 - 3 可以看出，金属制标牌数量最多，占比高达 37％；木制标牌数量次之，占比 23％，其多数是个人商铺的招牌，基本上年份都很久，看上去较为陈旧；塑料制和石制的数量基本持平，占比相近，其中塑料制的标牌基本为官方标牌，通常是一些通告、安全提醒等，石制的大都为景点的一些门上的牌匾，或是一些重要历史景点的解释说明；竹制和纸质的数量占比一致，都为 6％，占比较少，这些标牌看起来都很新，应是经常更换的，发布者会根据时节、节日不同重新设置；最少的是布制的，这些布制的标牌都悬挂在商铺二楼，占比较少，仅占 2％。

对于标牌材质的选择，发布者会进行经济性方面的考量。对于需要经常更换的标牌，发布者会选用成本较低的材质，而对于不需要经常更换或可以长时间使用的标牌，就会采用耐用材质。这就是呈坎景区标牌中，有的材质使用较多，有的材质使用较少的原因。

二、呈坎语言景观的功能分析

语言景观可以有效地展现城市文化风貌，反映当地的社会文化及语言文化内涵。呈坎作为古徽州地区代表性的旅游景点，以易经八卦文化作为建村的特色文化，并一直在呈坎的街景中得到体现。带有易经八卦文化的牌匾，处处都体现了徽州先人的智慧。呈坎景区的牌匾做工精细，给人以跨越历史的美感，也体现了当代人的审美价值。旅游场所的语言景观具有直接的文化功能、审美功能以及经济功能，下面将从这三个方面对呈坎的语言景观功能进行分析。

（一）文化功能

呈坎整个村落按《易经》"阴（坎），阳（呈），二气统一，天人合一"的八卦风水理论选址布局，依山傍水，形成三街九十九巷，宛如迷宫。在村落建设上，呈坎按"先天八卦图"主四卦布局全村，形成了独具特色的村落面貌，深刻诠释了水火相克生万物、天地容万物的先哲理论。同时呈坎村内龙溪河宛如玉带，呈"S"形自北向南穿村而过，形成八卦阴阳鱼的分界线；村落周边矗立着八座大山，自然形成了八卦的八个方位，共同构成了天然八卦布局。人文八卦与天然八卦融合的巧妙布局，使呈坎成为中国古村落建设史上的一大奇迹。呈坎的人文八卦也在标牌上得到了体现，许多官方标牌设计的形状以及标牌上的图案都与呈坎的八卦文化密不可分。呈坎许多标牌都以八卦图为边框，直截了当地把呈坎与八卦结合起来。八卦文化极大地促进了当地旅游业的发展。

（二）审美功能

古匾是呈坎村家族世代显赫荣耀的见证。呈坎村共有 30 多块古匾保留至今，不仅在徽州地区首屈一指，就是在全国也实属罕见。村内从宋朝至清朝的各个朝代，所有的古匾都保存完好。尤其是宝纶阁享堂屏门上方悬挂的"彝伦攸叙"大匾，长 6.5 米，宽 2.5 米，十分壮观。同时呈坎村内的罗东舒祠，全称贞靖罗东舒先生祠，据祠内标牌介绍：建于嘉靖十九年，占地面积 3300 平方米，系前罗 21 世祖罗洁宗所建；后由前罗 22 世祖罗应鹤于万历三十八年续建。其是江南地区现存规模最大、规格最高，集石雕、木雕、彩绘于一体的家庙建筑。祠内有一间专门存放牌匾的房间，整整放了 19 块木制牌匾，且均在牌匾下方进行了文字叙述。房内牌匾大致分为两类，一种为身份与官职介绍的牌匾，如进士、文元、大司成，这种牌匾下方大多会有文字记录该牌匾何时所造、为何人所造，以及具体官职的权限；另一类是赞扬类内容的牌匾，如经文纬武、累世簪缨、观察河东，这种牌匾下方的文字主要记录该牌匾赞扬的具体是何人、是何时所造，以及语句的解释。其中有两块独立题材的牌匾，即节孝、节烈，这类牌匾主要体现了古徽州地区对女性的赞扬。呈坎的这些牌匾虽然表达各不相同，但都保护完好，具有很高的审美价值与史学价值。

（三）经济功能

呈坎当地居民因地制宜大力发展商业贸易，水墨色的招牌与呈坎的环境融为一体，招牌的款式多变，材质也多种多样，其中石制和木制招牌最多，可能是当地这种材料较多造成的。大多数的商铺都用木头制造小招牌悬挂于店外，旅游者也乐于接受这种新奇的招牌。这些创新类的招牌为呈坎私人商铺带来了较大的客流量，产生了直接的经济效益，极大地推动了呈坎当地的经济发展，这也体现了语言景观的经济功能。

三、呈坎官方标牌与私人标牌的差异

语言标牌一般可分成官方标牌和私人标牌两类。前者又称自上而下类的标牌，是政府设立的具有官方性质的标牌，而后者又称自下而上类的标牌，为民间商家或个人设立的标牌。这两类标牌由于制作人及用途不同，所以差异是比较大的，官方标牌会更加重视标牌的统一性与规范性，而私人标牌会更注重实用性与美观性。语言景观本身具有独特的景观和空间属性，是景区景观的重要组成部分。调查组在呈坎共采集 523 块标牌，其中官方标牌 376 块、私人标牌 147 块。呈坎官方与私人标牌的数量情况见表 4－4 所列。

表 4－4　呈坎官方与私人标牌的数量情况

标牌类别	官方标牌	私人标牌	小　计
数　量	376	147	523
占　比	72%	28%	100%

在呈坎区域收集官方标牌和私人标牌中，两类标牌在用字、用色以及用语上都存在部分差异，现对其差异进行分析。

（一）标牌用字差异

首先是用字差异。官方标牌用字会更加简洁明了，且文字多为楷书；私人标牌与官方标牌明显不同，其语言组合形式不一，标牌形式更加多样。可见，官方标牌明显更加规范，私人标牌会较为随意，但是私人标牌从用字来看会更加美观一些，两者各有优点。呈坎标牌官方与私人用字如图 4－1、图 4－2 所示。

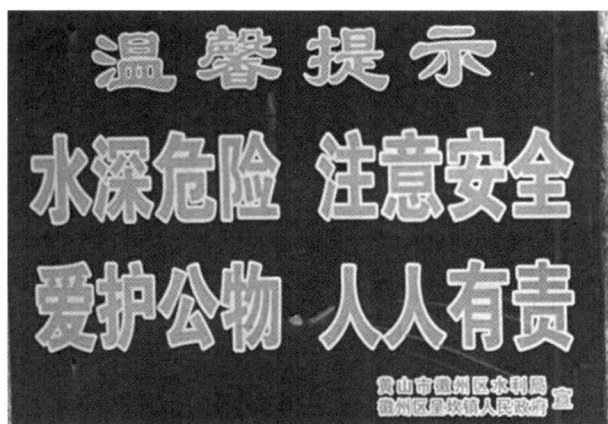

图 4－1　呈坎标牌官方用字

图 4 - 2　呈坎标牌私人用字

（二）标牌用色差异

其次是用色方面。官方标牌的色彩选择是比较单一的，经常使用褐色、黑色、白色、蓝色几类颜色；私人标牌没有特定的颜色，一个标牌上也通常会出现不同的颜色。官方标牌在色彩搭配方面也较为简单，基本上是底色带着文字的颜色，且底色和文字的颜色对比度较大，方便受众观看；而对于私人标牌，有的底色就有好几种，上面的文字用色也会更加大胆。呈坎标牌官方与私人用色如图 4 - 3、图 4 - 4 所示。

图 4 - 3　呈坎标牌官方用色

图 4 - 4　呈坎标牌私人用色

（三）标牌用语差异

最后是用语差异。官方标牌中的安全警示用语简洁明了，通常是陈述句，不附加任何感情色彩，其中代表欢迎的用语会夹杂一定感情色彩，但语言风格较为直白；私人标牌用语则较为灵活，有些标牌会采用谐音字作为店铺名称，为了吸引受众的注意力，除了商品介绍的标牌会用直白的语言介绍外，大部分的标牌掺杂了手绘图案，图文并茂，趣味性较强，语言风格也幽默活泼。呈坎标牌官方与私人用语如图 4 - 5、图 4 - 6 所示。

图 4 - 5　呈坎标牌官方用语

图 4 - 6　呈坎标牌私人用语

四、旅游对呈坎语言景观的影响

语言景观作为一种特定的语言形式，区别于一般的口头话语交流。作为旅游场所的语言景观，呈坎的语言景观会更多地考虑语言景观的文化性与审美性。语言景观的受众对待语言景观的态度与反馈也会因为其个人生活经验与审美观念的不同而产生差异。在对呈坎语言景观进行调查后发现，呈坎的私人标牌其实总的来说要比官方标牌少，商业化气息较其他旅游景点而言则较低，而且不论官方标牌还是私人标牌，它们大部分都是结合呈坎的旅游实际情况设立的，许多标牌都显现了呈坎当地的历史文化特色，比如徽派的建筑、呈坎地名的独特文化含义等方面，这些标牌在传递信息的同时，也在形状和图案上传达了当地的特色地域文化。因此，旅游成为呈坎语言景观设置需考虑的重要因素。

（一）凸显标牌的审美性

对于旅游场所的语言景观而言，无论是官方标牌还是私人标牌，都要重点考虑审美性。呈坎的官方标牌主要结合其历史文化及建筑特色来设计，且在字体的排版方面较为中规中矩，字体的大小也较为统一，都使用标准汉字作为主要语码，同时为了服务国外旅游者，官方标牌的多语标牌也设置较多，无论是标牌的颜色还是文字上，都体现了国家政府意志的审美性。呈坎的私人标牌较之官方标牌，设计较为灵活，由于私人标牌主要体现标牌所有者意志，主要意图是吸引旅游者的注意力，实现其经济价值，因此私人标牌字体夸张，用色大胆，与官方标牌的统一性截然不同。私人标牌不管是摆放位置，还是用色、用字以及用材均有所差异，都要比官方标牌显眼得多，成为旅游景观中不可或缺的元素。

（二）对标牌用材的影响

在用材上，官方标牌通常用的都是比较耐用的材料，大多由金属制成，外表通常会喷上油漆，以增加其耐用性。许多警示标牌则采用一些易于更换的材质，类似于摆放立牌，便于随时更换，有利于随时发挥其信息功能，更好地服务于旅游者。而私人标牌用材上则不固定，通常一个商铺会有不同材质的标牌，商铺店名标牌通常是木制或是金属制的，对于一些每天更换的标牌内容通常以板报的形式呈现，类似于学校的板书，随擦随写。私人标牌用材较少选择金属材质，通常会选择较为美观的木质或者竹质材料，木质与竹质材料较之金属材质，更具有美观性，同时也便于更换。

（三）对标牌分布的影响

在标牌摆放分布上，官方标牌通常较为分散，为了方便旅游者，一般多聚集于分岔路口。呈坎岔路较多，所以为了便于旅游者出行，官方标牌中路标会更多一些。警示标牌多在河边、危墙等一些较为危险的地方，这都是为了提醒游客，所以官方标牌在整个呈坎分布较为均匀。而私人标牌则较为密集，很多商户都聚集在一个区域，每个商铺的标牌都与另一个商铺标牌摆放较为紧密。综上所述，官方标牌与私人标牌的摆放分布差异还是很大的，虽然它们的受众相同，但是功能不同导致其分布也有所不同。

（四）对标牌大小的影响

在标牌大小选择上，对官方标牌而言，不同的功能导致标牌大小会有所不同，例如，路标性标牌大多都偏大，警示性标牌较之路标性标牌要小一些，而一些欢迎旅游者的标牌是所有标牌中最大的，位置也最为显眼，但具有相同功能的标牌，大小基本一致。私人标牌大小是比较随意的，除了店铺名标牌比较大以外，其余的都为中等大小。为了吸引旅游者，私人标牌一般会从美观的角度去考虑大小，较之官方标牌，私人标牌的大小规律不够明显。

五、呈坎语言景观存在的问题及解决方案

（一）呈坎语言景观中存在的问题

总体而言，呈坎语言景观建构较为完善，但仍旧存在指示牌不严谨、路牌随意摆放、店铺招牌无人打理、标牌损坏、路边广告频繁、商铺取名不够规范等问题，现对这些问题进行详细的分析，并给出一些合理性的建议。

1. 标牌指示不严谨

标牌虽然指示了大致的方向，但是由于呈坎八卦村的地方特色，路况本身就十分复杂，有九十九条街道，许多道路交通纵横，时常出现按正确方向前进，兜兜转转又回到原地的情况，路标指示牌指引的位置可能过了一个巷子或者一条街道就不再准确。路标指示牌只能指出一个大致的方向，但仍不够严谨，不能充分发挥路标指示牌的实际功能。

2. 标牌摆放不规范

兴许是在装修的缘故，呈坎许多路牌横七竖八地倒在路边，且没有固定堆放杂物的地方，杂物全部都是随处堆放，严重影响旅游者的游玩体验。同时，许多施工区域也没有第一时间设立警戒线和张贴"正在装修，前方止步"的标识，导致旅游者可能在无预警的情况下走进施工现场，存在一定的安全隐患。

3. 标牌更新不及时

呈坎景区的商业程度不是很高，商铺并不是紧密相连，而是分区域扎堆在一起经营，而有些店铺年久失修，标牌摇摇欲坠，甚至早就褪色，名字也有些模糊，严重影响标牌功能的发挥。呈坎景区地处南方，气候多雨多阳，因此指示牌的材质选择显得尤为重要，如果仅仅是将铁皮外表刷一层漆的话，虽说刚设置时美观大方，但是一旦漆掉了，裸露的铁皮会很快生锈，严重影响美观，并且还会导致本就不了解呈坎的旅游者更难理解呈坎的地名、位置等信息，而不锈钢材质显然更加实用，此种标牌历经风吹日晒却能保持本色。

4. 标牌行为不规范

在呈坎景区中，广告方式多种多样，有直接写在路边的墙壁上，也有用粉笔直接写在大门口，严重影响了呈坎景区的旅游形象，应及时制止这类现象的再次发生，并尽快消除广告，恢复原貌。

5. 标牌用语不规范

部分商铺为迎合年轻人的需求，店铺的名称也是紧跟时尚，这给一些游览的老人和较少上网的人们带来了不少困扰，他们大多数需进去之后才能了解店铺具体是出售哪些商品，虽说增加了人流量，但难免会耽误顾客的时间，且也有可能带来不必要的麻烦。

（二）解决方案

基于以上问题，为了提高当地语言景观的建设质量，现对这些问题提出一些针对性的建议。

1. 标牌定期维护

针对许多官方及私人标牌存在摇摇欲坠、破损等情况，可以定期对这些标牌进行维护，如将一些需要使用很久的标牌更换为更耐用的材质，对于掉漆的标牌进行重新补漆，对陈旧、看不清字迹的标牌进行及时更换。

2. 擦除乱涂的广告

呈坎景区的许多白墙上都有广告，有些是用油性水笔写，有些是用粉笔写，颜色杂乱无章，严重影响景区的美观，还有一些广告直接涂画在标牌上，遮挡了原本标牌上的信息。对于这些乱涂乱画的广告，景区应该加强管理，对乱涂乱画的行为进行罚款。

3. 规范标牌用语

呈坎景区中很多标牌为了吸引顾客的注意，对一些词语或成语等进行了谐音替换，显得十分不规范，对呈坎景区来说，这种标牌严重影响了其文化底蕴，也会对旅游者造成误导。对于这些情况，应该要规范标牌用语，在规范的基础上再进行创新。

4. 规范标牌摆放位置

呈坎景区中许多标牌由于放置在客流量少的地方，很久没有专人进行矫正摆放，这些标牌很多已不在原本的位置上了，且有的标牌摆放位置很不合理，经常被一些物体遮挡，影响旅游者观看。针对标牌位置杂乱这种情况，建议可以定时检查标牌的摆放位置，对可移动的标牌进行固定。

5. 重新规划标牌大小

在呈坎整个村落中，路径四通八达，许多狭窄的小巷设置的标牌很小且颜色暗淡，有的路牌甚至比砖头还小，贴在墙上，标牌本身的颜色与墙面融为一体，让人难以辨认。针对上述情况建议将路标这类标牌设计得偏大一些，颜色也应当与墙面颜色有所区别。

小　结

本章对呈坎的语言景观展开了调查研究，并对呈坎的语言景观现状进行了具体分析。分析发现，首先，呈坎景区的语码种类是比较多的，在语码组合上中文单语以及中英双语是呈坎语言景观的主要呈现方式；其次，呈坎语言景观的功能贴合了呈坎景区旅游发展的需要；再次，在标牌制作方面，官方和私人标牌是有较大差异的，由于两者考虑因素不同，所以在标牌材质、用字、用色以及用语上都有所不同；然后，由于呈坎景区是国家 5A 级旅游景区，呈坎的语言景观不能独立于旅游者而存在，所以旅游成为呈坎语言景观构建中需要考虑的重要因素；最后，呈坎的语言景观还存在一些问题，并针对这些问题提出了相对应的建议。总之，语言景观是旅游景区塑造形象以及开展宣传的重要方式，所以语言景观方面存在的问题应该得到进一步的完善，这样有利于推动地域文化的传播以及景区的发展。

第五章 徽州古村落旅游景点之 歙县古城语言景观调查

歙县古城，又名徽州古城，为国家历史文化名城，与四川阆中、云南丽江、山西平遥并称为中国"保存最为完好的四大古城"，也是"徽学"的发源地。古城内前往各景点的道路错综复杂，街道蜿蜒狭窄，高墙耸立，随着歙县的发展变迁，歙县古城的景观也发生了很大的变化，逐渐成为来到歙县这座小城的旅游者旅游观光及打卡的重要休闲地。

目前，对歙县古城的研究还未有涉及语言景观方面的内容。因此，本章以歙县古城语言景观作为研究对象，采用实地调查的方法，针对歙县古城景区内部几大区域，运用手机拍摄图片的方法收集有关语言景观语料，再将歙县古城语言景观分为自上而下类的官方标牌和自下而上类的私人标牌，之后对两者做比较、分析，其中官方标牌指的是路牌、警示语、建筑名等，私人标牌指的是私人因商业用途而设立的标牌，包括店名、广告牌等，最后总结歙县古城中语言景观构建的不足之处，并提出了改进意见。

一、歙县古城语言景观现状

歙县古城，位于安徽省黄山市歙县的徽城镇，总占地面积约 24.7 平方千米，自古文风鼎盛，宗族治理有序，因而有"东南邹鲁、礼仪之邦"的美誉。歙县古城从唐朝以来就形成了城套城的独特风格。古城周围是一圈城墙，从城门走进左手边是徽州府衙，再往里进便是许国石坊，俗称八角牌楼，被称为"东方凯旋门"，这一段路是整个歙县古城最值得驻足的地方，旅游者也最多，这条路往里延伸便会由一条主干道分为无数条岔路，分别通往徽园、东谯楼、打箍井街、大徽班、黄宾虹纪念馆、安徽徽州历史博物馆。

此次歙县古城语言景观调查的地理范围主要为古城的徽州府衙、徽园以及徽州历史博物馆三个区域，共采集970张照片，下面将从歙县古城的语言景观样本种类及语言使用情况进行分析。

（一）歙县古城语言景观的样市统计分析

根据语言景观发布者的不同，语言景观可分为政府服务型和私人服务型语言景观，前者指政府或相关组织设置的官方标识，后者是由集体或个人制定的非官方标识。本次调查组在歙县古城采集的988个样本里，政府服务型语言景观样本共计211个，占比为22％，私人服务型语言景观样本总共有777个，占比为78％。歙县古城语言景观样本分类统计见表5-1所列。

表5-1　歙县古城语言景观样本分类统计表

样本类型	样本数量	占　比
政府服务型语言景观	211	22％
私人服务型语言景观	777	78％

（二）歙县古城语言景观语言使用情况

目前，对于双语或多语语言景观的判定标准主要为：在单语国家中，将包含除了本国法定语言以外语言的标识称为双语或多语标识，仅有一种语言的称为单语标识。歙县古城的语言景观主要有中文、英文、中英结合、中拼结合、中英日韩结合等语言组合类型。其中中文标牌和中拼结合的标牌是歙县古城中使用最多的两种语言形式，中英日韩四种语言相结合的标牌一般多为安全警示类标语，如小心水深、请勿攀爬。歙县古城标牌的语言种类情况见表5-2所列。

表 5-2　歙县古城标牌的语言种类情况

语　言	语言种类	占　比
中　文	631	65%
英　文	49	5%
中英结合	79	8%
中拼结合	126	13%
中英日韩结合	87	9%

从表 5-2 可以看出，中文标牌的出现频率最高，占比达到 65%，其次是中拼结合，占比达到 13%，而中英日韩结合出现次数较少，占比只有 9%，最少的是纯英文标牌，占比只有 5%。当前全世界的政治、经济、技术正在不断融合，语言使用也比之前更加复杂和多元化，景区中语言景观的语码种类也更加多样化。虽然我国推行的是普通话和汉字，但对于不懂汉语的外国旅游者来说，双语及多语标牌的出现无疑为他们来旅游目的地旅游提供了诸多便捷。

下面根据收集的歙县古城三大区域的语言景观情况，分别统计不同区域内语码的结合现状。歙县古城三大区域标牌的语码结合情况见表 5-3 所列。

表 5-3　歙县古城三大区域标牌的语码结合情况

地点＼语种	单语（中）	单语（英）	双语（中英）	双语（中拼）	多语（中英日韩）
徽州府衙	44%	9%	32%	12%	55%
徽州历史博物馆	32%	2%	35%	52%	11%
徽园	24%	89%	33%	36%	34%

从上文可知，在所有标牌中，单语标牌占比最多，其中纯中文标牌占比最多，纯英文标牌最少。现从不同调查区域来看，徽州府衙景点内纯中文标牌出现较多，而单语的英文占比较少，只占了纯英文标

牌总量的 9%；徽园纯英文标牌占比最多，多为品牌商铺的店名；而徽州历史博物馆出现的纯英文标牌最少。英文多以辅助语码的形式出现在安全警示标牌中，主要作用是辅助中文语码。

　　双语中拼结合的标牌是占比仅次于单语为中文的标牌，中拼结合的标牌出现频率最高的场所为徽州历史博物馆。在博物馆的介绍标牌中，汉字旁边一般会标注拼音来方便旅游者，字体形式基本上是大写的字母。在收集的歙县古城语言景观中，多语标牌占比最少，这类标牌主要分布于徽园和徽州府衙两个场所，徽州历史博物馆占比最少，多为警示类语言景观和公共服务类语言景观。歙县古城的中英标牌及多语标牌如图 5-1、图 5-2 所示。

图 5-1　歙县古城的中英标牌

图 5-2　歙县古城的多语标牌

二、歙县古城语言景观对比分析

（一）标牌的字体颜色对比分析

1. 徽州府衙区域标牌颜色分析

在统计的样本里，各区域标牌的颜色也有所不同，徽州府衙区域多以棕色、褐色、红色以及黑色作为标牌的底色，底色上的字体颜色大都为绿色、白色以及黄色；颜色匹配较为和谐，提示性标语多为红色字体与白色背景色，认知解释类标语多为黑色字体与绿色背景色。黑绿色表示庄重，意在突出历史的厚重感；红白色表示警醒，颜色反差较大，意在提醒旅游者注意安全。徽州府衙区域共 111 个样本的颜色使用分类统计结果见表 5-4 所列。

表 5-4 歙县古城徽州府衙区域标牌的颜色使用情况

颜 色	黑 绿	红 白	黑 白	金 黑	棕 白	褐 白
数 目	28	15	37	15	5	11

标牌上的语言可通过文字的排列顺序、所占空间大小及色调明亮度来体现其优先关系，以此反映它们在特定语言社区的社会地位。从表5-4可以看出黑白搭配的颜色出现次数最多，其次是黑绿色，而红白、金黑配色占比较少，棕白配色占比最少。无论是哪两种颜色搭配，标牌制作者都会选择最显眼的颜色作为字体颜色，以便于发挥其标识作用。

2. 徽州历史博物馆区域标牌颜色分析

徽州历史博物馆的标牌颜色是三大区域中最为统一和谐的。指示类的导览图路标大多数以灰色作为标牌底色，白色作为字体颜色；一些介绍历史人物、发展历程的科普类标牌，都以白色作为底色，黑色为字体颜色，看上去会更加清晰。这些标牌总体呈现的主要色调是冷色调，冷色调在博物馆环境下会显得非常适配，而且配色简单，旅游者也能很快从中提取到自己想要的信息。

3. 徽园区域标牌颜色分析

徽园区域的标牌颜色是三大区域中颜色最为杂乱的，因为这个区域都为各类商铺店家，所以标牌底色和字体颜色都不只是单色，通常会由好几种颜色相互拼接而成，也有一些少量的景点文物保护单位的官方标牌，这些标牌的颜色会比较单调清晰一些，大致都为绿黑色。

歙县古城三大区域的语言景观标牌有所不同的原因主要是标牌发布者不同，徽州府衙、徽州历史博物馆区域属于景区管理机构集中管理区域，标牌的制作规格、标准更为统一，而徽园区域作为商业街区，店铺经营者不同，语言景观的发布者自然不同，则标牌制作也会各具特色。

（二）标牌的制作材质对比分析

从歙县古城总体来看，不同区域的语言景观由于受众不同、功能不同，标牌的材质选取也有所不同。

徽州府衙区域的标牌根据功能可以分为三种，同一功能所用材质基本相同：互动功能的标牌多为金属材质，指示性的标牌的为木头材质，认知功能的标牌则大多为石质，会更容易保存。

徽园区域的商铺标牌以塑料为材质制作而成的占大多数；而一些年份较老的店铺也会用木头做牌匾，一般只进行刻字涂色，看起来保存也较为完好；还有一些部分是布制的，挂在店铺前，不占用地面面积，也合理利用了小巷的空间，旅游者游览时一眼就能看见相关信息。

徽州历史博物馆区域的标牌材料相较于其他两个场所则比较单一，除了指示性标牌是金属制的之外，其余大部分标牌都是用塑料制成的，直接贴在墙面，也有一些比较特殊的，是用竹子制作的，还有直接刻在瓷砖上的，摆在地面上，形成一个大面积的语言景观。徽州历史博物馆中还有较多的语言景观采用电子显示屏的方式展现给受众，有些文物介绍标牌的屏幕，旅游者可以与其进行互动，这些标牌都以文字配合图案的方式对文物进行全方位的解释，大小排列也很合理，便于旅游者理解，能使其获得较好的旅游体验感。

三、歙县古城语言景观的功能分析

一定区域内的语言景观体现的是该地事实上的语言政策。语言景观有固定的，也有移动的；有永久的或长期的，也有临时的；有文字的，也有带有符号或其他图形的；有本土语言的，也有外语的；有政府统一设置的，也有市民自拟的；有发挥信息功能的，也有发挥象征功能的。

（一）认知功能

认知功能主要体现在介绍标牌上，旅游景区内的景物与景点简介、通知、公告，以及对展览物品的说明都是介绍标牌，目的是帮助来往旅游者了解当前景点或物品的相关信息，这类语言标牌主要出现在徽州府衙、徽州历史博物馆、小巷街口及一些重要的景点上。徽州历史博物馆里的介绍标牌通常发挥着科普的功能，小巷街口的巷道名标牌则主要对这条街道的历史做介绍。由于徽州历史博物馆和徽州府衙经维护的时间较短，所以这些标牌看上去较新，上面的字也排列有序，且以木制材质为主，而小巷街口的地名标牌则较为陈旧，文字多刻在石头上及嵌在墙壁里，由于缺乏管理，许多字迹已经模糊损坏，看上去很有年代感。歙县古城认知功能标牌如图5-3所示。

图5-3 歙县古城认知功能标牌

（二）指示功能

指示功能主要体现在指示类标牌上，景区的方向指引牌、导览图、区域指示路标及标志性建筑指示牌都发挥着指示功能。这一类的语言标牌在景区内扮演着"导游"的角色，是景区中不可或缺的标牌，通常以中英相结合的方式呈现给旅游者。为了方便旅游者阅读与理解，标牌大都设置在很显眼的地方，颜色也会设计得较为鲜艳，容易让人辨别。歙县古城指示标牌如图5-4所示。

图5-4　歙县古城指示标牌

（三）警示功能

警示功能主要体现在警示类标牌上，譬如歙县古城在整体建设布局上是城套城的建设结构，其内城和外城相互嵌套，城中的徽州府衙有许多的池塘就建在道路两旁，且沿着府衙往深处前进有一个可以登上城墙的路口，城墙离地面的垂直距离较高，所以在池塘边、城墙旁都会设立警示标牌，标牌字体比一般标牌稍大，且周围不会有其他遮挡物遮挡，显得非常显眼，可以提醒旅游者注意自身安全。歙县古城警示标牌如图5-5所示。

图5-5　歙县古城警示标牌

（四）互动功能

互动功能主要体现在一些可与旅游者产生互动的标牌上，可以提高旅游者的旅游体验感与趣味性，如景区内的问候、欢迎类的标牌。该类标牌通常会设置在景区入口和景区内部的一些分区域的入口，通常表达对旅游者的欢迎之意。另外，歙县古城还设置了一些标牌，该类标牌采用反问的修辞手法，通过这种互动方式来表明游客正处于景点何处。歙县古城互动标牌如图 5-6 所示。

图 5-6　歙县古城互动标牌

四、歙县古城语言景观的影响因素

（一）传统文化对歙县古城语言景观的影响

语言景观本身具有独特的景观和空间属性，是城乡景观的重要组成部分。歙县古城是徽州的历史文化名城，而古城中的语言景观也包含了徽州的历史文化，其中最典型的就是徽商文化，徽商是中国历史上的"三大商帮"之一，而歙县的商人尤为著名。历史上的歙县是一个比较贫困的地方，通过普通的耕种已经无法满足人们的生存需要。顾炎武说："（徽州）中家以下皆无田可业。徽人多商贾，盖势其然也。"作为古徽州的政治中心，歙县古城历史上是徽州地区重要的物品集散地，现在还能从打箍井街上瞥见曾经徽州地区经济的繁荣，站在街口一眼望去，整条街道所有的商铺一览无余，旅游者可以通过该街道的语言景观看出作为徽商发源地的古城的历史文化发展进程，同时该街道现在还保留着一些古徽商的经营习性，反映了周边居民的生产生活状态。

歙县古城中，私人店铺标识占语言景观的绝大部分，商铺除了悬挂门前的店铺招牌外，还有竖立在门口的标牌，这些标牌则主要是商铺所售商品的信息。有的店铺还制有从二楼挂下的帆布标牌，主要宣传这家商铺较为出名的特色产品，或是再次强调一遍门口的商铺名称。一家商铺有多个标牌是很常见的事情。徽州街巷大都狭窄，路过的行人通常不会抬头去看这家商铺的标识，因为道路两旁都是高墙，所以一般旅游者来此都是往前看，而从二楼挂下的帆布标牌则正好发挥了凸显店铺招牌的功能。

歙县较为知名的特产有歙砚、毛豆腐等。古城中的一条街道上有多家售卖歙砚的商铺，这些商铺门口的店铺招牌通常是毛笔字体，整体布局古色古香，整个标牌看起来就像是一幅完整的书法作品，与整条石板路小巷相得益彰。在这条小巷中还有多家商铺是卖毛豆腐的，这些商铺都不是只卖毛豆腐，通常附加售卖其他特产，门口一般会摆放了一个标牌，许多特产的名称挤在一张标牌上，标牌上最大的字写的是商铺卖得最好的商品。通过店铺内的文字凸显度，旅游者可以很快获得其想购买商品的信息，较好地凸显了语言景观的信息功能与经济功能。

（二）饮食文化对歙县古城语言景观的影响

歙县古城坐落在安徽省黄山市歙县，当地的水土环境造就了如今的歙县饮食文化。由于特殊的地理气候特征，徽州地区成为知名茶叶的产区，黄山毛峰等茶叶十分知名并畅销海内外。在歙县古城内，茶叶店数不胜数，几乎每家卖可携带饮食的都会售卖黄山毛峰，而黄山毛峰的标牌也会设计得十分具有美感，一些标牌嵌入墙面，一些标牌则是木质的且直接竖立在店门口的桌面上，凸显度较高。除了黄山毛峰以外，还有一种茶叶在歙县也较为知名，即黄山白茶。黄山白茶又名徽州白茶，是歙县的特产，产自歙县青山村凤凰湾及天堂村一带，白茶没有黄山毛峰那么有名，但它更具观赏价值，所以一些商铺也会专门售卖黄山白茶。

在每年的春季，许多卖特产的商家又会摆出三潭枇杷的标牌，每年三月到六月是歙县三潭枇杷成熟季节，三潭枇杷较之其他枇杷皮薄、肉厚、汁甜、营养丰富，并以早熟、优质而闻名，所以商家也会把这些特征一并写在标牌上。同季节中，还有一样美食招牌也会出现在大家的视野之中，即问政山笋，它通常会出现在两个地方，一是在古城内徽园的小饭馆中，饭馆新制的标牌都有它的标识，另一个便是在街道与小巷路边，许多当地农民会挑着竹筐售卖新鲜的山笋，也会在旁边立起一个自己写的小招牌，供来往人群挑选购买。

在黄山还有一种茶水文化，就是在泡茶时不单单加茶叶，还会放一些菊花，而且有些菊花个头很大，适合单独冲泡，所以在古城街巷边常见售卖菊花的店铺，店铺标牌设计得较为美观，会使用与菊花图案接近的字体。综上可见，歙县当地的饮食文化对歙县古城的语言景观的构建影响较大。

（三）旅游对歙县古城语言景观的影响

从旅游角度来看，歙县古城语言景观具有商业性强、缺乏历史特色、徽派风格突出、商铺个性化不足等特征。歙县古城商业性强，商业化气息浓厚，从侧面反映出歙县古城的语言标牌追求商业化经济利益的特点；具有历史特色的标牌较少，说明歙县古城在历史资源的发掘上还具有一定的空间；歙县古城里徽派建筑风格突出，许多街边的官方标牌都是以徽派建筑风格为元素建构的，凸显徽州地方建筑特色；

古城的商铺标牌过于千篇一律，且售卖的商品大多为同一类型特产，缺少个性化。

五、歙县古城语言景观存在的问题及应对策略

（一）歙县古城语言景观存在的问题

1. 标牌设计审美性不足

目前，歙县古城的许多私人标牌形状各异，且标牌字体大小不一，有的为了追求整齐而造成语序混乱。有些标牌在颜色搭配方面没有考虑色彩协调，有的标牌字体颜色与背景颜色过于相近，从而导致受众看不清整个标牌所表达的内容。许多标牌太过单一，没有进行加工，标牌整体颜色及字体过于朴素，且有些字体混合了图形设计，让人无法辨别原来的文字。极个别标牌整体颜色与店铺颜色及风格格格不入，显得很突兀。大部分的店铺选取的店名比较死板僵硬，没有彰显店铺的特色，用词也比较生硬呆板。

2. 标牌摆放太过杂乱

歙县古城中的小巷较为狭窄，而小巷两边有许多私人商铺，这些商铺摆出来的标牌通常会占据道路的一部分，且两边商铺都有摆放，让原本狭窄的巷子变得更加狭窄，人流量多时则无法正常通行。有的私人标牌摆放拥挤，导致信息不能很好地传递给旅游者，且这些标牌信息太过杂乱无章，从中也不能提取到商铺的主要信息。有的官方警示标牌为了引起旅游者注意，也被摆放在道路中央，将一条道路分成两条道路，人流量多时，旅游者通行会受到一定阻碍。

3. 标牌过于陈旧破损

歙县古城许多私人及官方的标牌存在陈旧、破损的情况，标牌有的年份太久，标牌掉漆掉色，字体缺失，同一个标牌上有的字体颜色

鲜艳，有的字体颜色已经泛白，美感较差。例如，在徽园区域，许多标牌都是石制的，有些刻上去的字已被磨平整，字体上填充的颜色也变浅了，且很多石制标牌缺边缺角，破损严重，部分资料缺失，无法正常观看内容。

4. 路标标牌少且不明显

歙县古城作为国家5A级旅游景区，路标设置太少，且分布不尽合理。通过路标有时很难找到相对应的区域位置，许多岔路口没有设置相对应的路标。同时，路标标牌一般为白底黑字，字体较细，由于路标经过长期风吹日晒，颜色逐渐变淡，指示性不是很明显，让人难以辨别。

5. 私人标牌颜色过于纷乱

歙县古城街道两边的私人商铺标牌整体偏大，只有仰头才能看到传统的徽派建筑，两旁的标牌也没有很好地融入徽派建筑风格，导致整体街道太过于商业化；标牌的颜色也较为杂乱，整体没有协调性，有的标牌较大，而字体较小，审美性、协调性欠佳。

（二）应对策略

1. 标牌统一规划

语言景观对景区来说是不可或缺的一个因素，虽然其看起来微不足道，但是影响是悄无声息、潜移默化的。面对旅游业的快速发展，歙县古城需要对语言景观进行整体规划与布局，并在此基础上进行个性化的创新，使其既协调统一又不失特色。统一规划应当立足于歙县古城的建筑风格，融入周围的环境，还可以考虑加入一些地方特色的元素及图案，比如特色农产品、特色小吃、标志性建筑等，凸显古城的徽州历史文化特色。

2. 标牌需要定期检查和维护

对于一些破损、缺失及颜色暗淡的标牌应当定期检查和维护，用于路标的标牌可以采用耐用性强的材料，破损的要及时更换，缺失的应及时补充，颜色暗淡的要及时填补颜色，标牌颜色尽量使用一个色系，使其更加适配和谐。对于标牌摆放占用道路的问题，可以通过更换摆放方式去解决，如将标牌挂在墙上或者用帆布材料制作标牌并悬挂出来。

3. 对位置标牌重新分配、设立

对于指示位置的标牌，可以重新分配、设立，如在岔路口设立总方向的指示性标牌，对于小巷分岔路口设立道路标牌，让旅游者知晓自己的所在位置。位置标牌颜色统一用一个色系，方便旅游者辨认。

小　结

本章对歙县古城的语言景观展开了调查研究，通过手机拍照的方式采集了歙县古城语言景观资料，并对歙县古城的语言景观现状进行了具体分析。分析发现，一是随着歙县古城旅游发展的不断国际化，当地的语言景观也慢慢趋向国际化，双语、多语标牌都在逐步增加，各种指示性、警示性标牌的翻译与语码设计都朝着国际化方向发展。二是歙县古城标牌的功能性比较全面，相关内容也比较完善，而且标牌颜色与材质也有各自的特色，种类较为繁多。三是歙县古城语言景观还存在一些相关的问题，并针对这些问题提出了一些相关意见。未来，歙县古城景区管理者要加强对景区内的语言景观治理和市场环境治理，定期检查和及时维护各类标牌，尤其是公共服务标牌，合理分配、设置地理位置标牌，以满足旅游者的旅游需求。

第六章　徽州古村落旅游景点之南屏语言景观调查

南屏原名叶村，位于安徽省黟县西南，因背倚南屏山而得名。南屏古建制属黟县五都，故又名五都叶村。南屏，背倚淋沥、南屏、顶游三山，环临武陵溪、东西干溪三水，风光秀丽，景色优美，是一座有千年历史、规模宏大的古村落。全村拥有 36 眼水井，72 条古巷，300 多幢明清古民居，一条从村头到村尾长达 200 多米的中轴线上保留着 8 个祠堂，且村中还保存有相当规模的宗祠、支祠和家祠。众多的祠堂、民宅、书院、神坛寺庙、亭阁、园林及 36 眼古井组成了宏大的明清徽派建筑群；纵横交错、拐弯抹角的 72 条古巷形成了神奇的乡村"迷宫"，充满了浓郁的新安传统文化氛围。

南屏被誉为"中国古祠堂建筑博物馆"。2019 年 12 月 12 日，南屏入选"2019 年中国美丽休闲乡村"名单。南屏凭借独特的自然环境、人文情结和艺术魅力吸引了众多演艺名人前来创作，使其成为蜚声海内外的"天然摄影棚"、"中国电影村"。

一、南屏自下而上类语言景观

南屏的语言景观主要包括自下而上和自上而下两类，其中，自下而上类语言景观主要包括私人和商业的语言标牌，如店名、广告牌等。调查组收集的南屏语言景观共 362 条，其中自下向上类语言景观主要是店铺招牌、文人书法、春联、招聘广告、涂鸦以及个人手写的各种提示语和宣传语，共计 161 条。南屏历史悠久，拥有独特的徽州文化，语料种类多且丰富，能够在一定程度上反映其历史文化底蕴和民众的价值取向，具有重要的语言文化价值。南屏语言景观分类见表 6-1 所列。

表 6-1　南屏语言景观分类

	语料数量	百分比
自上而下类语言景观	201	55.5%
自下而上类语言景观	161	44.5%
合　计	362	100%

（一）南屏自下而上类语言景观的语符搭配特征

语言标牌是语言景观最为直观的研究对象，调查组通过对南屏语言景观进行实地调查走访，发现其语符主要包括各类拼音、数字、特殊符号以及文字等，具体分类见表 6-2 所列。

表 6-2　南屏自下而上类语言景观语符分类

	语料数量	百分比	语言景观案例
纯文字	126	78.3%	曹家酒坊、老杨家染坊
汉字和英文混合	16	9.9%	免费 Wi-Fi
汉字与拼音混合	3	1.9%	手工 DIY、免费 K 歌
纯英文	1	0.6%	KTV、COFFEE
汉字和数字混合	14	8.7%	百岁斋古玩木雕13705598357、徽茶叶家 60 年
汉字、数字和特殊符号混合	1	0.6%	向前→30 米
合　计	161	100%	

从表 6-2 可知，纯文字语料占比高达 78.3%，据主要地位，这与南屏特殊的地理位置和历史文化遗留有关。南屏地处安徽省黄山市，

属古徽州范畴。古徽州地区自古陆路交通不便，且地少山多，自古便有歌谣："前世不修，生在徽州；十三四岁，往外一丢。"南屏对外交流沟通不畅，所以受外语影响较小，形成了以汉字为主的语言景观。但是汉字与英语混合虽然低于纯汉字，但占比却比其他情况要高，这说明很多本地的商店和品牌偏向于使用汉字和英文混合的方式来提升自己的国际化形象。而且根据调查走访发现，汉字和英文混合的情况中，英文多是为汉字注解，汉字占中心位置且字体比英文大。采用汉字和英文混合多数是为了商业营销，这进一步说明南屏正逐步扩大对外开放，不断吸收借鉴外来文化，并融入自己的地方特色，借此吸引更多的外来旅游者前去游玩观赏。

（二）南屏自下而上类语言景观的用字特征

根据对收集的南屏语言景观的分析发现，南屏自下而上类的语料中，汉字共计 1678 字，徽州、家、店、客栈、手工、坊等字出现频率较高，并且"徽州"一词出现最多，反映南屏人对徽州有很强的身份认同和文化自信，如徽州米酒坊。"家"字充分体现南屏人对家的归属感和安土重迁的思乡情怀。"店"和"客栈"则从侧面反映了当地经济繁荣，旅游业较为发达，住宿和购物便利，这为旅游业的持续发展奠定了良好的基础。"手工"一词反映了当地手工业较为发达，继承和发扬了古徽州的精湛技艺。徽州以"三雕"闻名天下，包括砖雕、石雕和木雕，在南屏随处可见各种手工作坊，吸引旅游者参与体验传统手工项目。"坊"字体现了浓浓的怀古风情，使旅游者仿佛回到了"无徽不成镇"的徽商鼎盛时代，提升了旅游者的体验感，从而更好带动当地旅游业的发展。

（三）南屏对联语料特征

对联是我国特有的文学形式，也是继承传统习俗的方式，代表中华优秀传统文化的延续。调查组在南屏收集的对联语料包括：辞岁金牛功赫赫，迎春玉虎乐融融；风调雨顺兆丰年，虎跃龙腾生紫气；几百年人家无非积善，第一等好事只是读书；春满人间欢歌阵阵，福临门第喜气洋洋；迎新春事事如意，接鸿福步步高升等。

对联具有祈福、装饰居所的传统民俗功能，反映了人民大众的风俗和信仰，寄托着人们对未来的希望。在南屏随处都能看到各种各样的对联，有悬挂于厅堂的对联，也有张贴在门口的春联，形式多样，意义丰富，表达了南屏人对后辈的期许与教导，以及对美好生活的向往。厅堂之上的对联大多是教育子孙读书行善、传承美好品德的，反映了南屏先人对教育和传承的重视，如"几百年人家无非积善，第一等好事只是读书"。积善就是要行善，做善事，读书就是要读圣贤书，读古人书，忧天下事。南屏先人希望子孙通过读书，传承家规家训，警醒后世。古往今来，只有读书明礼，才能传承美德、掌握正确的谋生知识。南屏人还将许多先人留下的家训家风、为人处世的思想加以通俗化、平民化、普及化，以楹联的方式传承，使其生动直观、潜移默化地发挥教育子孙的作用。张贴在门口的春联大多为迎春纳福，充满了对来年的美好期许，反映了人民朴实的愿望和对生活的憧憬，如"迎新春事事如意，接鸿福步步高升"。其意思是在新的一年里，希望万事如意，家庭和事业都得到进步。虽然南屏的春联用字丰富多样，但大多表达了相同的情感。

二、南屏自上而下类语言景观

自上而下类语言景观，即官方制作的语言标牌，如政府机构名称、街名、交通指示牌等。南屏虽然是一个古村落，但由于其历史悠久，文化底蕴丰富，且黄山市政府大力发展旅游业，近年来已经成为黄山市较为出名的旅游景点，所以存在大量自上而下的语言景观。南屏自上而下类语言景观主要包括街区导向牌、旅游导览图、社会宣传标语、电表箱上书写的诗歌、方言词汇标牌、警示标牌、旅游景点的详细介绍，以及与政府相关的单位名称等。其中宣传标语和警示标牌主要出现在墙面和铁栅栏上，而指示性标牌则通常出现在特定的区域。下面我们借用场所符号学的相关理论来分析徽州古村落南屏自上而下语言景观的特点，然后进一步分析语言背后所承载的特有的信息功能。

场所符号学理论为语言景观研究提供了分析框架，最早是由Scollon R 和 Scollon S W 提出的，主要由语码取向（code preference）、字刻（inscription）、置放（emplacement）等构成。语码取向是多种语言同时出现时的先后关系，能够如实反映多种语言的地位；字刻是语言的多种载体形式，包括字体、材料、附加成分等；置放是标牌所处的位置和其存在的意义。

（一）语码取向

根据对收集的南屏语言景观的分析发现，南屏自上而下类语言景观共计 201 条，且以简体中文为主，但是在指示路牌和旅游景点简介及各种警示标牌中存在多语现象，主要包括简体中文、英文、韩文、日文以及繁体中文。其中，简体中文占比最高，占比为 44.3％，处于优势地位；英文占比低于简体中文，占比为 24.9％；韩文和日文占比分别为 14.4％和 13.9％；占比最少的为繁体中文，仅占 2.5％。南屏自上而下类语言景观语料分布见表 6－3 所列。

表 6－3 南屏自上而下类语言景观语料分布

语码类型	语料数量	百分比
简体中文	89	44.3％
英　文	50	24.9％
韩　文	29	14.4％
日　文	28	13.9％
繁体中文	5	2.5％
合　计	201	100％

在南屏的语言景观中，简体中文处于优势地位，占据各类标牌的上方位置。《旅游景区公共信息导向系统设置规范》（GB/T 31384—2024）6.1.4条明确规定：“导向要素中的文字宜同时使用中文和英文。可根据当地少数民族聚居情况和主要旅游客源市场情况，增加相应的少数民族文字或其他语种的文字。”所以，英文是在旅游场所内要求使用的文字，起到合理解释中文意思的作用，方便更多旅游者理解。与此同时，南屏还将此应用到各种官方的警示标牌和温馨提示中，提升了南屏的国际化水平。截至2023年末，南屏的外籍旅客主要来自美国、韩国、日本，而且据官方数据统计，近十年入境的国际旅游人次正不断增长，而且旅游者大多数来自韩国、日本及美国。正是基于此，南屏才会在各种多语标牌语言上选择英文、日文和韩文。南屏大量使用繁体中文既是对文化的传承，也表达了对港澳台等地区旅游者的欢迎。综上所述，南屏各种语言景观中存在的多语现象，既迎合了国家统一和扩大对外开放的政策，也与南屏的旅游和经济发展关系紧密。

此外，单独使用简体中文的标牌和宣传语，多是表达社会主义核心价值观等内容，如“为中国人民谋幸福，为中华民族谋复兴；崇尚科学，反对邪教；我们都在努力奔跑，我们都是追梦人；邻家邻舍，和谐友爱”等。上述宣传社会主义核心价值观内容的标牌和宣传语，都只选择了简体中文语码，这与国家的政策宣传、社会建设和规划紧密相连。

（二）置放

自上而下类语言景观一般采用场景化置放，为的是及时发挥信息导向功能。但在南屏采集语料的过程中，通过科学分析和对比发现，自上而下类语言景观也采用去语境化置放。去语境化置放指的是招牌不受出现的语境的影响，语言文字在任何场景中都保持同样的形式。例如，有关社会主义核心价值观的宣传语和标牌等，无论是出现在景点还是居民生活区大多都会保持相同的形式。而这类去语境化置放的标牌出现的位置比较随意，一般出现在墙面、花圃及河流旁，这都是为了在宣传的过程中节约公共空间，保持整体环境整洁统一，从而达到宣传和教育群众的目的。另外，越轨式放置在自上而下类语言景观中是不存在的。由于南屏景区的统一管理，南屏景区的所有私人或官方的标牌都有严格的放置要求，主要是为了推动南屏景区建设规范化、示范化、国际化。

（三）南屏语言景观的信息功能

首先是指示功能，旅游景区内的交通指示牌、方向指示牌、导览图等可为旅游者指示方向，帮助旅游者识别方向和寻找景点，此类语言标牌发挥着指示功能。其次是行为调节功能，南屏作为徽州古村落，同时作为国家 4A 级旅游景区，每年会接待众多旅游者，为了保护生态环境和徽州文化遗产，让旅游者文明旅游，获得更好的旅游体验，南屏景区通过设置系列警示、告示牌和信息提示牌等方式来调节旅游者的行为。最后是认知功能，旅游景区的景点简介、产品介绍、通知公告等对该景区的内容及特色进行了系统的说明，帮助旅游者了解相关信息，这类标牌发挥了认知功能。

三、南屏语言景观中的不规范现象

通过对南屏的实地走访和资料分析发现，南屏景区中，不管是自上而下类语言景观还是自下而上类语言景观都存在一定不规范的现象，主要问题包括不规范拼写、中英文混用不规范、繁体中文用字不规范以及翻译不规范。

（一）商店招牌存在拼音的大小写不规范的现象

有些汉字和拼音搭配的招牌存在拼音的大小写不规范的问题。例如，"徽州 huiZHou"这一招牌的字母和拼写明显是拼音，但是却与正常大小写"HuiZhou"存在较大差异。这既不符合现代汉语的拼写规则，也不符合民众认知。

（二）拼音和英文混用的不规范

在商店名中存在汉语拼音与英文字母语码混用的情况。例如，"小河音乐 X·H COFFEE"中的"X"与"H"是"小"和"河"的首字母大写，后面加上了咖啡的英文单词"COFFEE"，汉语拼音和英文字母混用使表意简单清楚。但是，"徽 &ui"这一标牌却将汉语拼音"Hui"中的"H"用特殊符号"&"代替。这两者之间不仅无法相互替换，而且表意也不相同。

语言具有多样性，景区的语言景观承载着重要的信息。语言景观真实地反映了一个地区、一座城市、一个景区的语言生态。通过对南屏的整体调查走访，调查组主要从两个不同的方面对语言景观进行描写和解释：一是自下而上类语言景观，分别从语符搭配、用字特征进行形式上的分析描写。南屏的标牌以汉字为主，字词特征反映了南屏居民对徽州人强烈的身份认同。二是自上而下类语言景观，分别从语码取向和置放两方面进行了科学分析。由于南屏旅游的快速发展和对外开放的扩大，在景区导向牌、旅游景点简介以及各种警示标语中存在中文简体、英文、日文、韩文和中文繁体的多语现象。所以，南屏的语言景观准确地反映了当地的相关政策和旅游规划，只是语言景观中还存在部分不规范的现象，因此，统一并规范拼写、用字、翻译对南屏语言景观建构具有重要意义。

四、南屏语言景观进一步提升建议

（一）开展定期调查

南屏应定期开展语言景观的调查工作，并针对不足之处进行相应的整改。第一，针对语言标牌上翻译不准确的现象，可以请相关语言专业的学者确认后进行调整，确保信息的正确、客观、全面；第二，对标牌上的语言表达风格进行科学整改，始终以旅游者为中心，不仅要准确全面地传递信息，还要融合艺术元素，灵活采用多种形式来反映南屏友好、和善的底蕴；第三，应该立即更换景区内破损、不清晰和指示错误的标牌，同时也应该重视景区标牌的位置，确保标牌不突兀，与大环境融为一体，提升旅游者的参观体验。

（二）整体统一规划，加强监管

语言景观既是景区的软实力，又是景区的核心竞争力，合理的景区语言景观规划可以给人带来良好的体验。在以往的景区规划中，人们更多的是关注景区旅游资源的开发、市场宣传推广等，很少关注到语言标牌。随着旅游业的快速发展，南屏目前的语言景观已无法适应旅游发展的需要，因此南屏应该对景区语言景观进行整体、合理的规划。首先，景区应充分考虑旅游者的来源，在调查走访中不难发现，南屏的多语现象较为突出，主要包括英文、日文、韩文三种。但随着旅游全球化的推进，必然会有越来越多的国际旅游者前往徽州古村落南屏游玩。因此，南屏在语言景观规划方面应重视不同旅游者真正的语言需求，不断提升旅游者的游玩体验。其次，相关管理职能部门应加强对南屏语言标牌的监管力度，定期开展调查，对不合理的情况要及时进行调整，建立固定调查与随机走访相结合的机制，定期检查所有标牌设置是否合理。最后，应持续加大宣传教育力度，深入群众，通过与群众的交流沟通，潜移默化地传播正确、科学的语言景观理念。

（三）倾听不同的意见

畅通投诉监督渠道，重视旅游者的问题反馈，主动发现并积极解决问题。在语言景观设计方面，应积极融入地方特色。徽州历史文化底蕴深厚，森林资源丰富，风景优美，在语言景观设计中应该融入徽州特色，体现悠久的徽州文化，向旅游者呈现南屏别具一格的特色。

在实地考察中发现，南屏景区目前的语言景观大多使用金属材料，很少使用当地盛产的松木和竹子，在体现当地特色文化方面存在不足。在进行语言规划景观时，构建者应该多融合当地特色，从而突出体现南屏的地域和文化特色。

小　结

本章对徽州古村落南屏的语言景观进行了调查研究，通过实地走访南屏，系统收集和分析自上而下和自下而上两类语言景观，发现南屏语言景观的多语现象和特色语言表达较为明显，这在一定程度上展现了南屏的历史文化底蕴和民众价值取向，也从侧面体现了南屏特有的经济价值和文化价值，更为南屏语言生态建设的可持续发展提供了新思路。基于上述研究，南屏应坚持"引进来"和"走出去"相结合的发展途径：一方面，政府有关部门应以语言景观为突破口，积极开拓国际视野，培养国际化思维，构建国际化体系，提高国际知名度，推动南屏"引进来"的进程；另一方面，通过不断升级管理模式和提升旅游创意，持续发展文化产业，并且借助语言景观这一载体，加快传承徽州文化，不断推陈出新，立志将南屏打造成安徽景区甚至中国景区的佼佼者，加快景区"走出去"的速度。

第七章　黄山风景区语言景观调查

　　语言景观主要是由某个地区的公共路牌、广告牌、街名、地名、商铺招牌以及政府建筑物公共标牌上的语言共同构成，旨在考察某个属地或区域公共招牌与商业标牌上语言的可见性与凸显性。它作为社会语言学领域中的一个新兴研究方向，自 20 世纪 90 年代末以来，已引起了国际学术界的广泛关注。国外对此领域的研究较之国内先行一步，涉及语言景观的定义、分类、功能及其与社会文化之间的关联等多个层面。通过实证研究与理论分析，国外学者揭示了语言景观在塑造身份认同、促进文化交流以及构建城市形象等方面的重要性。同时，国外研究还聚焦语言景观的多元性与动态性，探讨了不同文化背景下语言景观的演进与发展趋势。国外学者运用语言学、社会学、地理学等多学科视角，对城市语言景观进行了深入的研究，探讨了语言景观与城市身份、多元文化共存、社会变迁等之间的复杂关系。

　　相较于国外，国内对于语言景观的研究起步较晚，但近年来，随着社会文化多元化发展趋势的增强，对这一领域的研究逐渐增多。国内学者在借鉴国外研究成果的基础上，结合中国的实际情况，对语言景观进行了深入探索。他们不仅关注语言景观的理论层面，还注重其在实践中的应用价值。其中，有致力于双语标识译写与研究的学者，如张美芳对澳门地区的公共标牌及其翻译作出了研究，董爱志对河北省红色旅游景区的公示语翻译进行了研究；还有研究涉及交通、公共安全、教育、商业、博物馆、景区等具体行业领域或场所的语言景观翻译问题的学者，如乌永志对西安的文化遗产型景区双语解说问题作出了探讨，潘月明、郭秀芝对国内理工大学的校名英译进行了研究，王树槐对地铁公示语翻译问题进行了研究。国内学者主要关注语言景观在中国城市化进程中的具体表现，以及其对城市形象和文化认同的影响。然而，针对特定旅游景区，特别是黄山风景区的语言景观研究尚未形成系统的研究体系，相关成果相对较少。

尽管国内外关于语言景观的研究已取得一定成果，但仍存在诸多不足。首先，对特定旅游风景区的语言景观研究尚显薄弱，许多地区的语言景观特色和文化内涵尚未得到充分的挖掘和展示。其次，现有的研究多侧重于对语言景观的静态描述，而对其动态演变及影响因素的研究仍显不足。

黄山作为世界知名的旅游胜地，其语言景观不仅承载了丰富的文化内涵，还直接影响着旅游者的旅游体验。然而，目前针对黄山风景区语言景观的系统研究尚显不足，这在一定程度上制约了黄山旅游业的进一步发展和徽州文化的传播。本章旨在发掘黄山风景区语言景观中存在的不合理现象并提出优化建议，通过对黄山风景区语言景观的深入探索，揭示其在旅游发展和文化传播中的重要作用。通过优化语言景观，不仅可以提升黄山风景区的国际形象和竞争力，还能为旅游者提供更加优质、丰富的旅游体验。同时，本章的研究也将为其他旅游风景区的语言景观规划与管理提供有益的借鉴和参考。

调查组将采用文献研究与实地调查相结合的方法，分析黄山风景区语言景观的现状和潜在问题。首先，通过文献回顾，掌握研究进展和趋势，为研究奠定理论基础。然后，进行实地调查，关注语言景观构成、分布和使用情况，获取真实资料。与当地居民、旅游者和管理者交流，了解他们对语言景观的看法，获取全面信息。最终，揭示黄山风景区语言景观的现状和问题，为后续改善提供科学依据和实证支持。

一、黄山风景区语言景观现状

（一）黄山风景区语言景观的构成与分类

黄山风景区的语言景观，作为自然与文化完美融合的重要载体，其构成元素涵盖了路牌、指示牌、广告牌、商家招牌以及公告栏等一系列标识系统。这些元素不仅为旅游者提供必要的导航和信息服务，还担负着传承文化和塑造形象的重要使命。

根据黄山风景区语言景观的功能及其展现形式，可以将其细分为四大类别。

1. 信息指示类

语言景观最重要的功能是告知旅游者景区中的景点位于何处，因此语言景观最重要的一个分类便是信息指示类，如路牌和指示牌，它们的主要职责是清晰地提供方向和位置信息，确保旅游者能够准确无误地抵达目标地点。黄山风景区内的指示牌如图7-1所示。

图7-1 黄山风景区内的指示牌

2. 文化展示类

此类标识牌和解说牌充分展现了地方特色和历史文化，使旅游者得以更加深入地了解黄山的风土人情。它们与信息指示类标识牌相得益彰，两者使用统一的风格，可以在景区内打造古朴、传统的审美意象，更加适合旅游者整体游览。黄山风景区内的解说牌如图7-2所示。

图7-2　黄山风景区内的解说牌

3. 公共服务类

景区内除了有自然或人文景观外，还有很多服务设施和温馨提示，因此语言景观中一个重要分类就是公共服务类，其包括各类公共信息和服务提示，目的是向旅游者提供便捷的服务和帮助。以上三类属于景区自身的语言景观，景区可以根据黄山的特点来统一设计。黄山风景区内的温馨提示牌如图7-3所示。

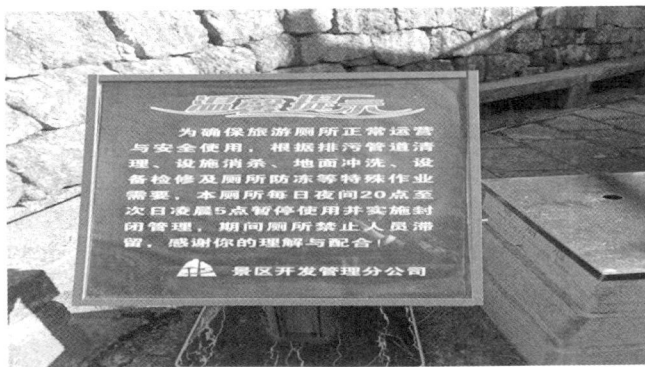

图7-3　黄山风景区内的温馨提示牌

4. 商业宣传类

此类语言景观主要指展示各类商业信息的商家招牌和广告，其能够有效推广各种旅游产品和服务。此类语言景观因为由各个商户自己设置，因此整体的风格各异，没有办法做到很好的统一。黄山风景区内的商家招牌如图 7 - 4 所示。

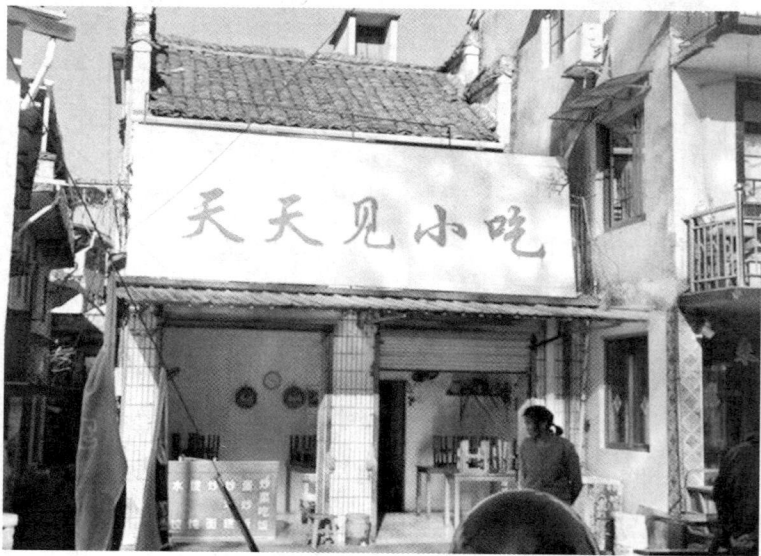

图 7 - 4 黄山风景区内的商家招牌

从语言使用上，黄山风景区的语言景观可以细分为中文、英文及多语言三类。中文语言景观主要服务于国内旅游者，确保他们能够获得顺畅的旅游体验；英文语言景观则主要针对国际旅游者，为他们提供便捷的旅游信息服务；多语言景观则体现了黄山风景区作为国际化旅游胜地的特色，多种语言的并存不仅方便了不同国籍的旅游者，也展现了黄山风景区的文化包容。黄山风景区内的双语提示牌如图 7 - 5 所示。

根据表现形式的差异，语言景观还可分为文字性和非文字性两类。

图 7-5　黄山风景区内的双语提示牌

文字性语言景观以文字为主要表现手段，通过文字传递各类信息；而非文字性语言景观则包括图案、符号等视觉元素，以更直观的方式传递信息，增强旅游者的感知和理解。这些不同维度的分类方式并非孤立存在的，而是相互交织、相互影响的，共同构建了黄山风景区丰富多彩的语言景观体系。

（二）黄山风景区语言景观的特征

黄山风景区的语言景观所体现的不仅仅是一种简单的信息传达方式，更是一场充满文化交融和心灵感悟的盛宴。黄山作为中国名山之一，其语言景观不仅仅是旅游者路途上的向导，更是一幅幅富有故事的文化画卷。

1. 文化性

黄山风景区的语言景观承载着丰富的文化内涵，成为中华优秀传统文化的生动体现。从景区入口的导览图到各个景点的介绍牌，处处都散发着浓厚的文化氛围。这些景观融入了诗词歌赋等传统文化元素，让旅游者在游览的同时，也能够领略黄山千年文化的魅力。这些景观常常藏于林间、立于路旁、嵌于石壁，与自然环境和谐相融。这种与自然环境相协调的布局方式，不仅为旅游者提供了便利，也增添了景区的观赏价值。这种匠心独运的布局方式，展示了设计者的巧思妙想，也呈现了黄山风景区独特的自然之美。黄山风景区语言景观的文化性还体现在其多姿多彩的特点上。丰富的语言景观为旅游者提供了丰富的选择和体验。无论是景点的介绍牌还是商店的招牌，都蕴含着丰富的地域特色和历史文化。这些景观不仅仅是为了指引旅游者，更是为了让旅游者更好地了解和感受黄山的独特之美。黄山风景区内的摩崖石刻如图 7-6 所示。

图 7-6 黄山风景区内的摩崖石刻

2. 国际化

黄山风景区的语言景观具有国际化特点。黄山作为中国著名的自然文化景区，接待着来自五湖四海的旅游者，因此黄山风景区的语言景观更具有国际化的特点，为来自世界各地的旅游者提供友好、便利的服务。除了中文外，英文等国际语言也得到了广泛应用。在景区的标识牌和导览图上，常常可以看到中英文并存的信息，这不仅能让国际旅游者更加轻松地了解景区，也为黄山的国际化发展增添了亮丽的一笔。

然而，尽管黄山风景区的语言景观分布广泛且特征鲜明，但仍存在一些不足。例如，部分语言景观设置不够合理，导致旅游者难以发现或理解；一些语言景观内容过于简单或复杂，难以满足不同旅游者的需求；还有一些语言景观的维护和管理不到位，出现破损或褪色等问题。

（三）旅游者对语言景观的感知与接受程度

黄山风景区的语言景观作为该景区文化体系不可或缺的一环，对旅游者的整体旅游体验起着至关重要的作用。旅游者对语言景观的感知与接受程度，不仅直接体现了语言景观的实际应用效果，还为未来对语言景观的改进和提升提供了宝贵的参考依据。调查组在走访黄山风景区的途中，随机采访了一些旅游者，询问了他们关于黄山风景区语言景观的看法。

1. 旅游者直观感知

从旅游者感知的角度出发，绝大多数旅游者对黄山风景区的语言景观给予了积极的评价。这些语言景观为旅游者提供了便捷的信息获取途径，如景点导航、历史文化介绍等。同时，那些具有文化展示性质的语言景观，如刻有关于黄山的诗句的石碑，更是成为旅游者争相拍照留念的热门景点。这些现象都充分表明了旅游者对语言景观的积极感知。

2. 社交媒体间接感知

旅游者在社交媒体上的分享行为也间接反映了他们对语言景观的接受程度。那些具有代表性和美感的语言景观往往能够吸引大量旅游者的关注和分享，进而形成网络上的二次传播。旅游者普遍认为，这些语言景观与黄山的自然风光相得益彰，使他们在欣赏美景的同时，也能深刻感受浓厚的文化氛围。旅游者在社交媒体上分享的黄山风景区语言景观如图 7-7 所示。

图 7-7　旅游者在社交媒体上分享的黄山风景区语言景观

3. 部分旅游者无感

也有部分旅游者对语言景观的感知较弱，这可能是语言障碍、注意力分散等原因造成的。这提醒在设计和布置语言景观时，需要注重其醒目性和易读性，以吸引旅游者的注意力。

从旅游者接受程度的角度来看，大多数旅游者对黄山风景区的语言景观表示了高度的认可。他们认为这些语言景观不仅实用性强，而且具有审美价值，在文字表达、图案设计、色彩搭配等方面都展现出了较高的艺术水准。然而，也有少数旅游者对语言景观的接受程度相对较低。这可能与设计者、制作者和管理者的水平有关，也可能与旅游者的个人喜好和文化背景有关。因此，在提升语言景观的质量和效果时，需要充分考虑旅游者的多样性和差异性，以满足不同旅游者的需求和期望。

旅游者对语言景观的感知与接受程度受到个人行为、情绪等多种因素的影响。例如，有些旅游者可能更加关注自然风光，而对语言景观的关注度相对较低；有些注重文化体验的旅游者则可能对语言景观的感知和接受程度更高。因此，在评估语言景观的效果时，需要综合考虑多种因素，以获得全面、准确的结果。

二、黄山风景区语言景观存在的问题及原因分析

（一）语言景观存在的问题

黄山风景区的语言景观尽管在向旅游者提供信息和服务方面发挥了重要作用，但也存在一系列值得关注的问题，需要引起相关管理部门的重视。

1. 标识牌语法错误等问题

部分标识牌存在着拼写错误、语法错误或语义模糊的情况，这给旅游者的阅读带来了一定程度的困扰。在黄山风景区的导览图、路标以及景点介绍牌上，常常可以发现一些错别字、病句或者表达不清晰的情况。这样的问题不仅影响了旅游者对景区信息的准确理解，也可能影响景区的整体形象。

2. 标识牌维护问题

一些标识牌出现了损坏、褪色、污渍等情况，这也降低了语言景观的整体质量。由于长期的风吹日晒或人为的破坏，黄山风景区内的一些标识牌出现了字迹模糊、颜色褪色或者污渍残留的情况，影响了景区整体的美观和语言景观的信息传达效果。这种情况不仅影响了旅游者的导览体验，也给景区管理和形象带来了一定的负面影响。黄山

风景区内已经褪色的标识牌如图 7-8 所示。

图 7-8　黄山风景区内已经褪色的标识牌

3. 标识牌翻译问题

随着国际旅游的兴起，黄山风景区吸引了越来越多的外国旅游者，然而景区的国际化水平尚待提升，主要表现为标示牌上的翻译不准确。一些标识牌上的英文翻译存在着语法错误、用词不当或者意思不清的情况，这可能会导致旅游者的误解或困惑，影响了他们的游览体验。

4. 商家招牌不统一

特别需要关注的是，商家招牌这类语言景观缺乏统一标准的问题。在黄山风景区的商业区域，各商家的招牌风格各异，有的颜色明艳，有的造型独特，缺乏统一的规范和标准，这给旅游者带来了视觉上的混乱。黄山风景区内语言景观风格不统一如图 7-9 所示。

综上所述，黄山风景区语言景观存在着一系列问题，可能会影响游客的游览体验，甚至影响到景区整体形象的正面展示，因此有必要

图 7-9　黄山风景区内语言景观风格不统一

加强对语言景观的管理和维护，提高其质量和服务水平。

（二）问题产生的原因

黄山风景区语言景观存在的问题错综复杂，需要从多个角度探究问题产生的原因。

1. 标识牌制作把关不严

标识牌存在拼写错误、语法错误或语义模糊的问题，这可能是制作环节中的疏忽大意所致。在标识牌的制作过程中，可能存在制作者对细节不够重视，或者在编辑和校对环节存在疏漏，导致了错误的出现。此外，制作者的专业性和质量意识也可能不够，缺乏对标准语言表达的准确理解和把握，从而导致了这些问题的产生。

2. 标识牌选材、维护不合理

一些标识牌出现损坏、褪色、污渍等情况，这可能与标识牌的材料选择、使用环境以及维护保养等方面有关。在选择标识牌的制作材料时，如果选择了质量不佳或者不耐久的材料，就容易出现损坏和褪色的情况。同时，如果标识牌长期暴露在恶劣的自然环境中，比如阳光、风雨等，也会加速标识牌的老化和损坏。此外，缺乏定期的维护保养措施，比如清洁、漆面更新等，也会加剧标识牌的老化和损坏程度，从而影响语言景观的整体质量。

3. 标识牌审核、审定不完善

黄山风景区的国际化水平尚待提升，表现为标识牌上的翻译不准确，这一问题可能是翻译人员的能力和水平不足造成的。在进行跨语言翻译时，翻译人员需要具备扎实的语言功底和专业知识，同时还需要对目标语言的文化背景和习惯有深入的了解。然而，如果翻译人员缺乏相关的专业培训或者经验积累，就容易出现翻译不准确的情况。此外，缺乏严格的审核和审定制度也可能是出现翻译问题的原因之一，如果没有专门的审校人员对翻译进行严格把关，就难以保证翻译的准确性和规范性。

4. 商家招牌未集中管理

商家招牌缺乏统一标准可能是缺乏相关管理规定或者管理不到位所致。在景区的商业区域，各商家的招牌风格和设计各不相同，如果没有相关管理部门对商家招牌进行统一规范和指导，就容易出现招牌风格混乱、造型多样的情况。此外，如果相关管理部门的管理不到位，没有及时监督和指导商家的招牌设置，也会导致商家招牌缺乏统一标准的问题。

综上所述，黄山风景区语言景观存在的问题是制作环节中的疏忽大意、翻译人员能力不足、管理不到位等多方面原因导致的，要想解决这些问题，就需要相关管理部门加强对语言景观制作和管理的监督和指导，建立健全语言景观的制作、审核和维护机制，提升语言景观的整体质量和服务水平。

三、黄山风景区语言景观进一步提升建议

(一) 提升标识牌质量

1. 提升标识牌质量是改善黄山风景区语言景观的第一步

地方政府在提高标识牌品质上负有重要的职责。地方政府需强化对标识牌生产企业的监管，保证其依法运营并严格遵守相关标准和规定，以提升其制作水平和质量保障能力。地方政府可以对标识牌制作材料进行严格监管，倡导使用环保且耐用的材料，确保标识牌的品质及使用寿命。此外，地方政府还需加强对标识牌制作工艺的引导与推广，鼓励技术创新，以提升标识牌制作的精确度和美观度。

2. 景区管理机构应积极参与到标识牌质量提升工作中来

景区管理机构应加强景区标识牌制作的组织协调工作，统一标准和规范，确保标识牌具有统一的风格和形象。景区管理机构应加强对景区标识牌制作企业的培训和指导，提高其制作水平和服务质量，从而为景区提供更加优质的标识牌产品。景区管理机构还应加强对景区标识牌使用的管理和监督，建立健全维护保养制度，及时修缮损坏的标识牌，确保其状态良好。

3. 景区工作人员应承担起提升标识牌质量的责任和义务

景区工作人员应积极参加标识牌制作和使用的培训，提高对标识牌制作要求和标准的认识和理解。景区工作人员应加强对标识牌维护保养工作的组织和实施，定期检查标识牌的使用状况，及时发现并处理问题。景区工作人员还应加强与旅游者的沟通和交流，了解他们对标识牌的需求和意见，不断改进和完善标识牌的设计和使用，提升旅游者的满意度和体验感。

(二) 优化标示牌翻译

首先，地方政府在提升标示牌翻译质量方面需承担重要责任。地

方政府应加强对翻译人员的监督与管理，建立完善的翻译审核机制，以保障翻译内容的准确性与规范性。此外，地方政府还需对景区标示牌翻译工作进行定期的检查与评估，及时发现并解决问题，确保翻译工作的质量与效率。

其次，黄山风景区管理委员会（以下简称"管委会"）作为黄山风景区的管理机构，在优化景区标示牌翻译方面发挥着至关重要的作用。为了确保翻译内容的准确性与规范性，管委会需对标示牌翻译实施严格的管理与指导，制定详尽的翻译准则与规范。此外，举办相关的专业培训也不可或缺，以提升翻译人员的语言能力和专业素养，为翻译工作提供坚实的保障。

最后，景区工作人员在优化标示牌翻译方面亦扮演着关键角色。他们需与翻译人员保持紧密的沟通与协作，及时收集并反馈旅游者对翻译内容的意见和建议，为翻译工作提供宝贵的参考。同时，景区工作人员应积极响应景区管理机构的管理举措，严格遵守相关规定和要求，确保标示牌翻译工作的顺利进行。

优化标示牌翻译不仅关乎黄山风景区语言景观质量的提升，更是塑造黄山风景区整体形象与提升服务水平的关键。只有地方政府、景区管理机构和景区工作人员携手合作，共同努力，方能实现标示牌翻译工作的优化，为旅游者提供更为优质的游览体验。

（三）加强标识牌维护

首先，地方政府应该加强对景区标识牌维护工作的督促和指导，制定相关政策和措施，鼓励景区管理部门加大对标识牌维护的投入。地方政府可以增加对标识牌维护的资金支持，提供专项资金用于标识牌的修缮和更换。同时，地方政府还可以建立健全标识牌维护管理制度，明确责任分工，加强对维护工作的监督和检查，确保维护工作的顺利进行。

其次，管委会作为黄山风景区的管理机构，也可以在标识牌维护方面发挥重要作用。管委会可以加强对景区标识牌维护工作的组织和协调，建立健全维护保养制度，制订详细的维护计划和标准操作流程，确保每一块标识牌都能得到及时维护和保养。此外，管委会还可以加强对标识牌维护人员的培训和指导，提高其维护技术和服务意识，为标识牌维护工作提供更加专业的支持。

再次，景区工作人员在日常工作中应当加强对标识牌的巡查和检查，及时发现标识牌存在的问题，如损坏、褪色等情况，并及时进行维修和更换。只有通过及时的维护和修复，才能保证标识牌的持久使用。景区工作人员还应当加强对标识牌周边环境的管理和维护，确保周边环境整洁美观，避免环境因素对标识牌造成损坏，比如可以采取清扫、修整等方式，保持标识牌周边环境的整洁和美观。除了日常维护工作外，景区工作人员还应当加强对标识牌制作材料和工艺的选择和管理，应该选择耐用性强、环保健康的材料进行制作，并采用先进的制作工艺，以提高标识牌的使用寿命和质量。景区工作人员还应该积极配合景区管理部门的工作，加强对标识牌维护工作的组织和协调，确保维护工作的顺利进行。景区工作人员可以制订详细的维护计划和标准操作流程，加强对维护人员的培训和指导，提高维护工作的效率和质量。

最后，文化团体在加强标识牌维护方面也可以发挥重要作用。文化团体可以开展相关宣传活动，提高公众对标识牌维护的认识和重视程度，引导旅游者爱护和保护标识牌，共同维护景区的整体形象和文化底蕴。此外，文化团体还可以与景区管理部门合作，开展标识牌维护志愿者活动，动员社会力量参与到标识牌维护工作中来，共同守护景区的美好环境和文化遗产。

（四）规范商家招牌

首先，地方政府可以通过颁布相关的景区商业区域管理条例，明确规定商家招牌的统一标准和规范。这些规范可以包括颜色、大小、字体、材质等方面的要求，以确保商家招牌的统一性和协调性。地方政府还可以设立相关部门或委员会负责招牌审批和管理，对不符合规定的招牌进行整改或清理。

其次，管委会可以与地方政府协调合作，制定并推广景区商业区域的统一招牌标准。同时，管委会可以通过宣传和培训活动，向商家普及招牌管理的重要性，并提供相关指导和支持。此外，管委会还可以在景区内设置统一的信息牌或指示牌，引导旅游者前往各个商家，减少视觉上的混乱。

再次，景区工作人员是直接面对旅游者的群体，其可以在日常工作中积极引导旅游者，告知他们景区内商家招牌的统一标准和规范。景区工作人员可以提供相关信息，帮助旅游者识别各商家，减少混乱和困惑。同时，景区工作人员还可以及时反馈商家招牌不符合规定的情况，促使商家进行整改。

最后，商家应当积极配合地方政府和管委会的管理工作，遵守景区商业区域的招牌标准和规范。他们可以通过与地方政府和管委会的沟通合作，了解和掌握相关政策和要求，及时调整自己的招牌设计风格。商家还可以利用统一的招牌规范和标准，提升自己的品牌形象，提高在旅游者心目中的认可度和好感度，从而带来更多的客流和收益。

综上所述，地方政府、管委会、景区工作人员和商家应当共同努力，加强沟通合作，共同解决景区商业区域招牌缺乏统一标准的问题。只有通过各方的共同努力，才能确保景区商业区域的招牌管理工作得到有效开展，为旅游者提供更加舒适和便利的旅游体验。

小 结

黄山风景区的语言景观是文化与旅游价值的重要体现，对提升旅游体验和增强景区认同至关重要。然而，黄山风景区的语言景观目前仍存在一些问题，如标识牌设计不统一、内容表达不准确、多语种服务欠缺等，影响了旅游体验和景区的国际竞争力，因此迫切地需要改善语言景观现状。这需要地方政府、旅游管理机构等共同努力，以提升黄山风景区竞争力和吸引力。未来研究可采用更多元化的数据收集方法，深入量化分析黄山风景区的语言景观与旅游业发展的关系，为政策制定和实践提供科学依据。随着旅游业发展和全球化趋势加强，语言景观的作用将愈发重要，期待黄山风景区创造更加优美、丰富、有文化内涵的语言景观，为旅游者提供优质旅游体验。

第八章　黄山市外旅游者对屯溪老街或 黎阳 in 巷的语言景观感知度调查研究

感知调查是经济学领域一个经常被提及的概念，在行为主义理论引入经济学领域后，消费者的感知度调查研究受到了普遍的关注。它主要调查受访者对目标对象的情感态度，旅游者作为旅游景观的消费者，面向他们的感知调查对旅游点的建设发挥着重要的反馈和促进作用。语言景观自 1997 年被 Landry 和 Bourhis 提出后，在其他学者的扩充下，研究理论和研究方法日趋成熟。尚国文和赵守辉系统地介绍了语言景观的研究理论和研究方法。此外，尚国文、周先武、李宇明先后对语言景观理论进行了扩充，李宇明将语言景观研究纳入城市语言规划问题，并指出"语言景观是城市文化风韵更为直观的体现"。语言服务是指"利用语言（包括文字）、语言知识、语言技术及语言的所有衍生品来满足语言生活的各种需要"。语言景观作为城市语言规划问题之一，也属于语言服务范畴。

基于语言景观的不同地域调查案例可知，研究者都采用现场调查、静态描写的方式介入。当然，尚国文和赵守辉提出也可以采用问卷调查或访问的研究方法来了解语言景观发布者的创作动机、受众的态度和感受等，虽然尚国文和赵守辉提出了这种研究方法，但是关于语言景观的受众态度和感受调查的研究成果却并不丰富。基于此，本章拟从旅游景区语言景观受众的角度，采用问卷调查的方式，以黄山市外旅游者为调查对象，调查他们对不同种类语言景观的情感态度及对不同种类语言景观的喜好。最后通过 SPSS 软件分析数据的可靠性，并对调查结果进行分析，得出调查结论。

一、理论基础

（一）语言景观的功能分类

1. 语言景观的信息功能

信息功能是语言景观的基础功能，无论是政府服务型语言景观（即自上而下类语言景观）还是私人服务型语言景观（即自下而上类语言景观），均通过文字的形式让受众接收、了解到相关信息，如私人服务型语言景观中的店铺招牌，受众首先通过招牌就可以接收的信息包括"这是家什么样的店铺，它主要的经营范围是什么"；在政府服务型语言景观中，通过公共标识，受众就可以了解到一些警示信息、地理方位信息等。语言景观的信息功能是由其本质决定的。通俗而言，语言景观就是在公共空间内出现的一切以文字为载体的语言形式，它以静态或动态的方式，在固定的时间内将信息呈现给经过该公共空间的受众。其中就存在一个不可回避的问题：文盲是否可以在这个固定空间实现内在的语言互动。答案是肯定的，因为语言景观常常会结合图片、声音等形式出现，保证了所有的受众都可以理解语言景观中所传达的内容，而这些形式主要体现在私人服务型语言景观上。

2. 语言景观的文化功能

语言景观具有文化功能，不同地域出现的语言景观展示了不同地区的地域文化。当旅游者来到安徽黄山的各旅游景点，语言景观会总体呈现徽州文化特色，比如黄山屯溪、西递、宏村、南屏等；当旅游者来到云南大理，展现的就是云南少数民族的文化元素。所以，不同地域出现的语言景观具有文化展示功能，是地域文化的显性体现，刘楚群和李宇明称之为语言景观的"城市映像功能"。

3. 语言景观的经济效益功能

语言景观作为语言服务的一种方式和途径，不仅仅具有信息和文化功能，还产生一定的经济效益，Xing Lu 称之为语言景观的"经济有效性"。私人服务型语言景观可以直接创造经济价值，即通过商品或服务的售出而直接获得语言景观所带来的经济效益；而政府服务型语言景观则通过给受众创作良好的旅游印象，进而促进受众消费，最后以税收的形式为政府创造收益，实现其经济价值。因此，无论是私人服务型语言景观还是政府服务型语言景观，都具有一定的经济效益功能。不同种类语言景观的经济效益功能如图 8-1 所示。

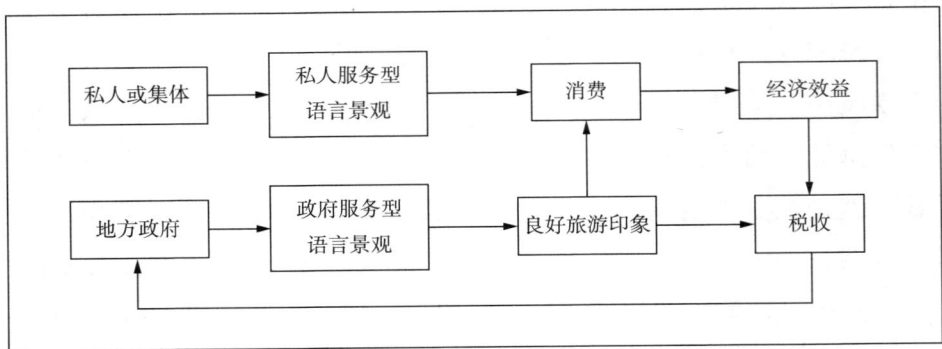

图 8-1　不同种类语言景观的经济效益功能

通过图 8-1 可知，不管是私人服务型语言景观还是政府服务型语言景观，都可以产生一定的经济效益，最终私人、集体或地方政府都可获益。正是因为语言景观具有这项重要功能，因此对语言景观的感知度调查既有其专业价值，也有其现实意义。

（二）屯溪老街和黎阳 in 巷语言景观功能

虽然语言景观在不同场合呈现的语言特色不同，但是其功能还是一致的。屯溪老街和黎阳 in 巷，作为黄山市区的两处重要的旅游景点，服务的对象主要是旅游者，无论旅游者的地缘归属，目的都是向旅游者提供良好的旅游观光体验，促成良好旅游印象的形成。因此，屯溪老街和黎阳 in 巷语言景观也具有信息功能、文化功能和经济效益功能。

二、研究方法及思路

（一）语言景观收集阶段

1. 数据采集地点

2021 年 12 月，调查组对屯溪老街和黎阳 in 巷的语言景观进行了实地调查，屯溪老街的调查范围主要为屯溪老街横向主街道及纵向主街道，由于当时屯溪老街沿滨江路段正在进行改造，因此现在屯溪老街旁的河街步行道不在本次调查范围内；黎阳 in 巷的调查范围为东起黎阳牌坊，西至文峰路的黎阳 in 巷的主要街区。在地理空间上，屯溪老街和黎阳 in 巷由老大桥连贯东西，均位于新安江畔、三江交汇之地。从旅游体验上，屯溪老街和黎阳 in 巷则从不同方面满足了不同旅游者的旅游需求。

2. 数据采集成员

团队分为两组，一组调查屯溪老街语言景观，一组调查黎阳 in 巷语言景观，每组 3 名成员，收集的方式主要是手机拍照的形式，主要使用的是团队中每个人的自用手机。

3. 数据的分类处理

语言景观采集完成后，对其进行分类处理，并对语码种类进行分析。

（二）调查问卷研究阶段

屯溪老街和黎阳 in 巷语言景观采集完成以后，根据研究目的，调查黄山市外旅游者对屯溪老街或黎阳 in 巷的语言景观感知度，设置了一份包含

21 道选择题和一道问答题的调查问卷。调查问卷题量适中，在保证能够完成调查问卷内容的基础上，又照顾到被调查人的用时长短，以确保调查问卷的样本回收质量。由于调查问卷时期正处于疫情期间，来黄山市旅游的人员较少，因此问卷调查时间跨度较长，前后将近 8 个月。

（三）数据处理阶段

问卷调查结束后，对数据进行了处理分析，首先用 SPSS 软件对调查问卷的结果进行信度分析，在信度分析达到要求的值以后，再对问卷结果进行进一步的处理、分析，最终形成调查结论。

三、调查结果分析

（一）语言景观采集结果分析

在调查问卷设计前，调查组首先对屯溪老街和黎阳 in 巷的语言景观做了调查。此次，团队共收集 1888 个样本，其中政府服务型语言景观有 829 个，私人服务型语言景观有 1059 个。通过对样本的分析发现，政府服务型语言景观主要发挥信息功能、文化功能及经济功能，其中信息功能主要体现为地理定位功能、方向导示功能、文化宣传功能及警示功能等。在政府服务型语言景观中，从语言种类取向上看，简体中文为优先语言，其他为英文、韩文、日文，这跟国家实施的语言政策是相吻合的。除以上语言种类外，其他语言种类则较少。这说明到屯溪老街和黎阳 in 巷的外国旅游者中，韩国人和日本人较多。至于英语国家旅游者的多少，仅仅从语言景观中英语标识的多少无法判断，主要原因是英语现在已成为旅游国际化的一个标志，与该地域是否出现母语为英语的人无关。

（二）语言景观的感知度调查结果分析

1. 调查对象构成

此次共有 203 人参加了调查问卷的作答，其中男性旅游者 99 人，女性旅游者 104 人。调查对象都来自黄山市外，为初次来到黄山屯溪老街和黎阳 in 巷的旅游者。根据 SPSS 软件的样本信度分析，Cronbach's α 系数为 0.735，问卷结果的可信度高于 0.7，调查结果可以采信。

从年龄上看，调查对象主要为中青年人，40 岁以上仅有 12 人，仅占 5.9％。从调查对象的文化背景上看，初中及以下 5 人，高中 5 人，大学本科及专科 172 人，研究生及以上 21 人，可见专科及以上学历的调查对象占比为 95％。调查对象的学历层次见表 8 - 1 所列。在旅游体验感调查上，调查了旅游者来屯溪老街或黎阳 in 巷是否实现了休闲娱乐、购买特产和感知徽州文化的旅游体验感，其中 90％以上的旅游者认为屯溪老街或黎阳 in 巷实现了他们休闲娱乐的旅游目的，也实现了他们对徽州文化的感知，这较好地体现了语言景观的文化功能。

表 8 - 1　调查对象的学历层次占比

学历层次	人　数	占　比
初中及以下	5	2.5％
高　中	5	2.5％
大学本科/专科	172	84.7％
研究生及以上	21	10.3％

2. 旅游者对屯溪老街和黎阳 in 巷的总体感知度结果

通过调查发现，104 人对屯溪老街或黎阳 in 巷的语言景观持良好态度，54 人认为语言景观是优秀的，占比分别为 51.2％和 26.6％；认为一般和较差的分别有 42 人和 3 人，分别占比 20.7％和 1.5％。旅游者对屯溪老街和黎阳 in 巷语言景观的总体情感态度见表 8 - 2 所列。由此可知，在调查时间内，市外旅游者对黄山市屯溪老街和黎阳 in 巷出现的语言景观基本持正面、积极态度。

表 8-2　旅游者对屯溪老街和黎阳 in 巷语言景观的总体情感态度

评价等级	人　数	占　比
较　差	3	1.5%
一　般	42	20.7%
良　好	104	51.2%
优　秀	54	26.6%

在不同种类语言景观选择上，旅游者更加偏好政府服务语言景观中的历史文化介绍，比如老街小巷名称介绍；在私人服务型语言景观中，旅游者对店铺名称及店铺内的传承史介绍更加感兴趣。由此可见，旅游者对文化的需求度较高，产生这种现象的原因主要是，调查对象主要是专科及以上学历的群体，受文化程度较高，更加倾向于感知地域文化的旅游需求。

3. 私人服务型语言景观的感知度调查结果分析

私人服务型语言景观，主要是私人或集体以营利为目的而设置的语言景观，从私人服务型语言景观的不同语言本体对旅游者的吸引方面看，179 人次喜欢地域特色鲜明的店铺名称，114 人次喜欢字体样式奇特的店铺名称，喜欢语言优美和通俗易懂的店铺名称的分别有 87 人次和 76 人次。在私人服务型语言景观中，字体样式奇特和地域特色鲜明的店铺名称更加容易吸引旅游者的关注。

旅游者普遍认为屯溪老街或黎阳 in 巷的店铺招牌十分具有地域特色，文字设计独特，但也有 40 名调查对象认为其没有什么独特的地方。由此可见，不同的旅游者对私人服务型语言景观的期待和心理预期存在一定的差别。同时，156 名调查对象认为地域特色是私人服务型语言景观设置最首要的考虑因素，其次是在私人服务型语言景观中，能够搭配图片或其他元素则会使其更加受欢迎，最后是在私人服务型语言景观中，语法规范和无错别字被认为是影响旅游者喜好的一个重要因素。

4. 政府服务型语言景观的感知度调查结果分析

78.3％的调查对象认为屯溪老街和黎阳 in 巷政府服务型语言景观基本满足旅游者的需求，16.3％的调查对象认为政府服务型语言景观完全满足他们的需求，但有 11 位调查对象认为政府服务型语言景观不能满足他们的需求。从整体上看，调查对象对屯溪老街和黎阳 in 巷的政府服务型语言景观整体感知度良好，虽然有一部分人觉得不能满足旅游需求，但是 94.6％的人认为已经基本满足或完全满足了自己的旅游需求。从侧面来说，旅游者对地方政府的语言服务能力还是持认可态度的。屯溪老街和黎阳 in 巷政府服务型语言景观对旅游者需求的满足情况调查见表 8-3 所列。

表 8-3　屯溪老街和黎阳 in 巷政府服务型语言景观对旅游者需求的满足情况

满足情况	人　数	占　比
不能满足	11	5.4％
基本满足	159	78.3％
完全满足	33	16.3％

具体来说，在认为"不能满足"的人中，有 9 人认为政府服务型语言景观存在文化信息缺失，3 人认为方位标注不明显，3 人认为缺乏统一规划与布局，杂乱无序。在对屯溪老街和黎阳 in 巷的语言景观调查中，调查组发现屯溪老街较之黎阳 in 巷而言，布局规划没有后者有序。屯溪老街是一条历史久远的街道，而黎阳 in 巷作为近年来开发的古镇旅游街道，政府服务型语言景观规划性更强，更符合现代旅游者的需求。

从语言景观中徽州文化元素满足旅游者需求现状方面看，91.1％的调查对象认为屯溪老街和黎阳 in 巷的政府服务型语言景观能够满足旅游者对徽州文化的感知需求。由此可见，在旅游者了解徽州文化的过程中，政府服务型语言景观发挥了巨大作用。屯溪老街和黎阳 in 巷的政府服务型语言景观满足旅游者了解徽州文化需求的情况见表 8-4 所列。

表 8-4　屯溪老街和黎阳 in 巷的政府服务型语言景观满足旅游者了解徽州文化需求的情况

满足情况	人　数	占　比
不能满足	18	8.9%
基本满足	119	58.6%
满　足	43	21.2%
完全满足	23	11.3%

认为"不能满足"的调查对象认为，不能满足的主要原因在于标牌中缺乏文化信息介绍，或布局比较混乱，难以寻找到相关的信息。在整个屯溪老街和黎阳 in 巷的语言景观调查中，调查对象都对语言景观基本持正面、积极态度，仅有 8.9% 的调查对象认为两个场所的语言景观不满足他们了解徽州文化的需求。

综上所述，屯溪老街和黎阳 in 巷的语言景观基本上满足了市外旅游者的需要，可见政府服务型语言景观对旅游者而言，在他们了解地域文化和地域特色过程中发挥了重要作用。

（三）旅游者对语言景观中双语或多语标识设定的态度调查结果分析

185 名调查对象认为双语或多语标识设定有必要的，其中 31 人更觉得多语标识设定是非常有必要。虽然调查对象均为中国人，但是大家都一致认可在旅游场所中，设定双语或多语标识是十分必要的，这不仅与调查区域语言景观的实际情况相吻合，也符合黄山市作为国际化旅游城市定位的要求。黄山市作为国际知名旅游城市，存在大量的国际性人员流动。语言景观尤其是政府服务型语言景观，作为基础设施中的"软物质"更要保持其服务的前瞻性。旅游者设定对双语或多语标识必要性的认可度见表 8-5 所列。

表 8-5　旅游者设定对双语或多语标识必要性的认可度

选　项	人　数	占　比
完全没必要	4	1.9％
基本没必要	14	6.9％
有必要	97	47.8％
有一定必要	57	28.1％
非常有必要	31	15.3％

　　调查问卷的最后一题是一道开放性题目，主要询问旅游者对屯溪老街和黎阳 in 巷的语言景观建设有何意见，旅游者提出的建议的主要关键语句包括：多融入徽州文化元素、多介绍历史文化、回归文化本质，体现地域特色、使文化氛围更加浓郁、减少商业化，增加有趣图案等。从旅游者的建议中得知，最核心词汇是"文化"一词，可以看出旅游者对于精神层面的需求已经远远超过物质层面的消费，旅游者来到屯溪老街和黎阳 in 巷，希望看到更多关于徽州文化的介绍。

四、建议与启示

　　为了从语言学角度反馈旅游者对两条旅游街道语言景观的感知度，调查组以黄山市外旅游者为调查对象，采用问卷的调查方法，调查研究了黄山市外旅游者对黄山市屯溪老街和黎阳 in 巷不同种类语言景观的感知度，调查的主要目的是真实反馈市外旅游者的旅游需求，揭示他们真实的语言服务需求现状，以便为提升地方政府的语言服务能力提供导向性建议。

　　（一）助力城市建设，努力塑造良好的国际旅游城市形象的启示

　　2022 年 1 月，国务院印发的《"十四五"旅游业发展规划》明确提出了旅游业对传播中国地域文化和城市文化所发挥的作用。为了吸

引国内外诸多旅游者，努力塑造旅游城市良好的国际形象尤其重要，而形象的塑造不仅要依靠便利快捷的基础设施，更需要依靠包含语言服务能力的城市软实力。

黄山市，古称"徽州"，地处中国华东长三角地区，位于皖浙赣三省交界处，是杭州都市圈成员城市、皖南国际文化旅游示范区核心城市及国家级文化生态保护区。黄山市既是徽商故里，又是徽州文化的发祥地。现在的黄山市，虽然辖区没有古徽州大，但是境内有黄山和道家圣地齐云山，知名的国际旅游古镇不计其数，旅游资源丰富。近年来，为了提升黄山市的国际旅游城市形象，黄山市政府正在努力打造一座随处可以席地而坐的国际化旅游观光城市。屯溪区作为黄山市政府的所在地，一直以来都是宣传徽州文化的阵地，市区有一条自明清时期形成的商业街道——屯溪老街，同时依托原有的黎阳古镇打造了既有古朴韵味又具有现代化商业气息的黎阳 in 巷，两条独具徽州文化气息的旅游街道由老大桥衔接，矗立在新安江边，吸引了无数的中外旅游者到访。近年来，黄山市以"打造国际会客厅"为己任，努力提升黄山市区各个观光带的改造，沿着新安江打造了多处观光步行跑道，这些举措都在表明地方政府建设"黄山国际会客厅"和席地而坐的"全国最干净城市"的决心。

通过调查发现，无论是政府服务型语言景观还是私人服务型语言景观，旅游者都更加青睐具有地域特色的语言景观。从语言景观所产生的经济效益而言，语言服务会直接或间接产生经济效益，由于旅游者更加喜欢富有徽州文化特色的语言景观，因此在今后的屯溪区旅游点建设过程中，应增加融入了徽州文化特色语言景观的建设，其是促进当地旅游经济发展的有效手段。

（二）践行语言景观的相关研究理论，将理论付诸实践，解决实际问题的启示

语言景观实地调查的目的在于通过语言生活描写，发掘语言景观

设置的不合理现状，及时进行语言规划，以期实现语言治理。调查组通过黄山市外旅游者对屯溪老街与黎阳 in 巷语言景观的感知度调查发现，政府服务型语言景观存在布局较为混乱，旅游者不容易找到相关有用信息的问题；在标牌语码类型设置上，调查对象普遍认为设置多语标牌十分有必要；大部分调查对象建议在屯溪老街与黎阳 in 巷语言景观的建设中要突出"文化性"，可见旅游者对体现地域特色的语言景观更感兴趣。这些都为未来黄山市区语言景观的建设指明了方向。

小　结

本章通过问卷调查和实地走访相结合的方式调查了黄山市外旅游者对黄山市屯溪老街和黎阳 in 巷语言景观的感知度。从调查数据来看，旅游者对这两个旅游街区整体呈现正向感知。从语言景观类型来看，旅游者更倾向于地域特色鲜明的语言景观服务种类。本章的研究还存在一些不足：一方面，调研方式广度不够，调查问卷仅仅依靠线上问卷调查的方式采集收据，不能兼顾访谈的调查形式；另一方面，调查对象不够全面，同时问卷为中文形式，没有设置英文调查问卷，调查对象除了国人外，没有外国旅游者，这些不足导致调查结果不能为黄山市建成国际化旅游城市提供全面性的参考意见。

第九章 结 论

　　黄山市，作为一个国家级旅游城市，有着丰富的旅游资源，除了有黄山风景区这样卓越的自然景观外，还有徽州古村落等重要的人文景观，例如，宏村在丰富的人文景观资源优势基础上，将自身打造成与举世瞩目的古村落，成为古徽州文化重要瑰宝之一，吸引了来自中外的大量旅游者。近些年，乡村旅游成为农村经济发展的又一增长点，推进乡村旅游高质量发展成为各地区的发展目标。如今，随着黄山市旅游产业的快速发展，黄山市的乡村旅游发展可以说是走在了全国前列，主要原因是黄山市乡村旅游发展起步较早。目前黄山市知名的旅游乡村包括西递、宏村、南屏、呈坎、木梨硔等，在丰富的自然景观和璀璨的徽州文化人文景观的支撑下，黄山市乡村旅游发展迈入了新台阶。在大力发展农村经济的号召下，黄山市进一步挖掘黄山市乡村旅游发展优势，在学习和推广西递、宏村发展经验的同时，根据各乡村自身的资源与建设情况，因地制宜，打造更多的乡村旅游成功典范。

　　语言景观作为语言服务的一种典型途径，它的制作者可以是公共服务单位，也可以是私人或集体，它体现了政府的公共服务意识、语言规划行为及语言政策，同时也可以体现私人或集体的商业行为和商业意图，实现构建者与受众的空间语言交流。语言景观不仅仅具有信息功能、象征功能，更具有经济功能。语言景观可以产生直接的经济价值，而旅游景区中的语言景观更直接体现了其经济价值。一方面，语言景观服务的对象是旅游者，而旅游者对于旅游景区而言就是直接的消费者；另一方面，私人服务型语言景观制作者设置语言景观的直接目的即为吸引旅游者的眼球，刺激旅游者消费。因此，语言景观设置对于旅游景点而言具有重要的经济意义。

一、黄山市语言景观建构的必要性与紧迫性

（一）必要性

1. 实现"自上而下"语言规划的必要性

语言景观能够反映政府的语言规划，语言景观的建构、置放、监管等都与政府语言规划有着直接关系，它是政府语言规划的主要内容。作为政府语言规划和语言意识实现的有效途径，语言景观体现了政府的语言服务精神。所有的政府服务型语言景观都是政府为公众提供公益服务的一种体现，如安全警示标识、地名标识、路牌标识。加强语言景观的建构设置，既是政府实现"自上而下"语言规划的需求，也是政府建构服务普通民众形象的需要。当前，在黄山市的语言规划中，黄山市的语言景观设置，尤其是语码选择、主题内容等都在一定程度上体现了国家语言政策，反映了黄山市的语言生活现状。此外，黄山市各旅游景点语言景观的建设，直接影响着黄山市国际化旅游城市形象的建构。近年来，黄山市的政府工作报告中多次强调要将黄山市建设成集旅游与休闲于一体的国际性城市，而语言景观是国际性最直接的体现。因此，黄山市政府加强对各旅游景点语言景观构建的规划，凸显徽州文化的重要内容，提高自身的语言服务能力，就显得尤为必要。

2. 发展地方经济

旅游是黄山市的支柱产业，围绕旅游促进了当地酒店、交通、特产、餐饮等多个行业的发展。黄山市围绕"绿水青山就是金山银山"

这一科学论断，一直以来坚持在保护生态环境的基础上发展经济。为了保护地方的生态环境，黄山市政府一直限制重工业的发展，着力发展服务业和轻工业，因此旅游成为当地财政收入的主要来源。语言景观的主要功能包括信息功能和象征功能，主要体现在政府服务型语言景观上，而私人服务型语言景观更多实现了商家与旅游消费者的经济互动，所以经济功能是语言景观的又一功能。旅游者来到旅游景点时，就已经产生了一种消费行为，而在私人服务型语言景观产生经济效益后，又以税收的形式上交地方政府，因而无论是政府服务型语言景观还是私人服务型语言景观，都能直接或间接地产生经济效益，所以在旅游景点建构语言景观是发展地方经济的需要。

3. 语言景观建构者与受众进行跨越时空交流的有效途径

不同场所的语言景观，受众有所不同，比如在旅游场所，语言景观的受众是旅游者，而在游戏场所出现的语言景观的受众则是游戏者。语言景观的建构对不同场所的陌生受众而言意义重大。比如，当旅游者来到旅游景点后，他们可以通过路牌标识了解自己当前所在的位置及前进方向，通过警示标识可以了解哪些行为是不被允许的，以及通过文化标识可以了解当地的旅游文化，因此语言景观实现了建构者与受众超越时空的交流。它实现了语言景观建构者信息发布的意图和目的，满足了语言景观受众使用信息的需求。因此，为了实现地方政府和私人商家与旅游者的有效沟通与交流，语言景观的建构成了一种有效途径。

（二）紧迫性

1. 语言景观的建构缺乏统一规划

黄山市各旅游景点的语言景观作为信息功能与徽州文化象征功能的集合体，它的建构缺乏规划性主要体现在以下几点：第一，语言景观的建构缺乏统一的布局或布局缺乏科学性，从前面几章调查的有些古村落的语言景观来看，有的较为陈旧，有的较为杂乱，布局十分不合理。近几年，旅游产业经历了前所未有的发展挑战，但是面对旅游产业的复苏与发展，地方政府仍要及时做好语言服务，定时更新语言景观。第二，随着乡村旅游的逐渐兴起，黄山市越来越多的村落得到了快速发展，但是在发展的过程中，古村落旅游景点的语言景观创制大多模仿其他旅游景点的模式，造成同一片区的语言景观缺少系统性，不能明显彰显地区特色，村落与村落之间缺乏发展联动机制。第三，在语言景观建构上，旅游景点的语言景观的内容大多是地名、景点介绍、国家政策等，而应急避险、警示语则较少；在语言景观的放置上，存在叠放、缺损、模糊等现象，这些问题都不利于旅游景点形象的构建。

2. 凸显徽州文化的语言景观建构有待进一步加强

旅游景点的竞争力源于旅游景点的差异和特色，只有具有地方特色的景点才能吸引来自不同地区的旅游者。吴杨芝和周湘鄂认为，乡村旅游语言景观生成于乡村旅游活动与村民生产生活空间的重合语境，它是乡村旅游地的核心吸引力之一。但是目前，黄山市旅游景点的语言景观同质化现象严重，没有凸显出景点之间的差异，其实这也是当前各地旅游发展的通病，地区差异化缩小，同质化严重。黄山市作为徽州文化的腹地，有着丰富的徽州文化遗迹，而徽州文化是一个广阔的概念集合体，涵盖新安医学、新安理学、徽派建筑等多方面内容，而在黄山市旅游景点的语言景观构建中，发现徽州文化标识并不多，或者种类不够丰富，没有凸显不同地区的地域特色与差异。

3. 语码种类不够丰富，语言景观的语码国际化程度有待进一步加强

语言景观的语码种类多少是该地区国际化程度的标志，语言种类越丰富，说明该地区国际化程度越高。当前，在黄山风景区和黄山市

区旅游景点的语码种类最为丰富，而在其他的古村落旅游景点中，语码种类则较少，且较为单一。黄山市的未来发展规划是将黄山市打造成为国际性的旅游都市，所迎接的旅游者应该是来自全球的，因此，在建构语言景观时应具有国际化眼光，应该考虑服务的对象不仅是中文使用者，还有来自其他语言地区的人。

二、黄山市语言景观建构的发展方向

基于黄山市语言景观建构的必要性与紧迫性，未来我们将进一步增强语言景观的服务性、美观性和文化性。这不仅契合黄山市的发展规划，也有利于黄山市国际旅游城市形象的打造、旅游产品的开发、旅游安全风险的规避及旅游服务质量的提升，从而提高旅游资源的吸引力，助力黄山市旅游经济的高质量发展，为黄山市的绿色发展、文化发展助力。

（一）立足市地居民的生产和生活，建构高质量的徽州古村落旅游语言景观

黄山市作为徽州文化的腹地，辖区内的徽州古村落数不胜数，这些古村落不仅是中外旅游者的旅游目的地，也是当地景区日常生产生活之处。因此，在进行古村落旅游语言景观设计时要切实考虑到当地居民的生产生活需要，为居民和旅游者提供精准的语言服务，这样才能有效地促进旅游活动的开展。

第一，聚焦语言景观的内容精准度，提高古村落旅游景观服务的针对性。黄山市古村落旅游景观的建构要符合地域特色，因地制宜，以民为本，切切实实为当地的村民和旅游者提供精准服务。一是加强片区古村落旅游语言景观的联动机制，合理规划不同村落的语言景观，创建具有不同地域特色的语言景观，包括交通、场所、地域文化、警示、广告等标识内容，切实满足旅游者的旅游需求，以保障旅游活动的安全性、娱乐性和效益性。古村落基层政府要强化各部门的联动机

制，根据旅游地的实地资源情况，创设适宜的旅游语言景观，避免出现空白或者重复的语言景观。二是发挥语言景观建构者的多元化优势，激发私人服务型语言景观的建构，全力促进古村落语言景观的载体升级和景观化发展，多力并举提升语言景观的时尚性和丰富性。三是基层政府要成立专门的组织机构，负责各旅游景点的语言景观的日常巡查工作，对不规范、不合理、不科学的语言景观及时进行纠正，对已经陈旧的语言景观及时进行更新。

第二，充分利用各大网络平台，线上线下加强对各古村落旅游景点的宣传力度，提升旅游景点语言景观的网络服务水平。在数据化时代，随着抖音、小红书、微信等个人社交媒体的发展，信息传递和信息接收手段逐渐多元化，黄山市旅游发展要借助现代化网络技术手段，开拓旅游景点语言景观在网络平台的置放，提高各大旅游景点的知名度，营造黄山市各旅游景点的文化感、神秘感与高质量体验感，激发旅游者的旅游向往，吸引不同旅游群体到黄山来旅游。

（二）着眼于国家主流文化和地域特色文化，打造文化内容丰富的旅游语言景观

语言景观不仅具有信息特征，也具有象征性，其既是特定空间的文化象征符号，也是地方文化在特定空间的标识。黄山市旅游语言景观是徽州文化对外宣传的重要语言载体，因此在各旅游景区的建设中，应借助国家主流文化和徽州文化相结合的方式促进旅游语言景观的文化内涵建设，切实提高各旅游景点的品位。

第一，依托国家主流文化，打造地方旅游景观的文化内核。旅游景点的语言景观是以语言符号的形式打造地域文化的重要阵地，它是政府落实公共语言规划的重要形式。当前，黄山市各旅游景点以语言景观的形式展现了社会主义先进文化，为当地居民和旅游者展示了我国主流文化的多样化特征，促进了各旅游景点与中华优秀传统文化的

融合，宣传了黄山市的旅游文化魅力。目前，黄山市各旅游景点包括古村落旅游景点的政府服务型语言景观是展示中华优秀传统文化的主要窗口，如关于孝道，徽商勤劳致富的优良品质，徽州女性坚韧、勤劳等优秀品质，徽语徽话的宣传标语等。

第二，深入挖掘徽州文化的文化内容，提升各旅游景点语言景观的文化内涵。石琳指出，旅游景观具有历史文化价值。徽州文化有着丰富的文化内容，包含物质与精神两个层面。在黄山市各旅游景点语言景观中，要加强对徽州文化内容的展示，让各旅游景点语言景观成为徽州文化的对外宣传途径，促进徽州文化在新时代获得新的诠释与阐释。一是利用广阔旅游景点空间，打造黄山地区徽州文化展示长廊。在公共服务场所进一步优化语言景观内容，精心展示旅游景点的旅游文化要素和政策要素，为旅游者感知徽州文化提供积极的心理暗示。二是以居民生产和生活资源为语言景观载体，彰显徽州文化特色。虽然我们强调线上语言景观宣传的重要性，但是不能忽视旅游景点的公共服务场所、古村落墙面等传统语言景观载体，要依靠其加强对徽州文化的宣传。三是精选不同地区的文化符号，打造各片区不同的文化特色，深刻阐释徽州文化的深刻内容。徽州文化内涵丰富，各片区要结合本地资源，因地制宜地设置相关语言景观，阐释不同片区的徽州文化特点，形成各自的旅游文化特色。以黄山市政府所在地屯溪区为例，随着黄山西站的开通，很多旅游者都直接到黄山风景区旅游，对市区的旅游业冲击较大，屯溪区应该结合自身的发展特色与优势，在屯溪老街等传统旅游景点外，加强屯溪河街、黎阳 in 巷和新安江等新型旅游景点的建设，深度挖掘屯溪旅游文化特色内涵，比如挖掘屯溪优秀历史人物故事，从近代优秀作家作品中诠释屯溪在古徽州历史发展中的重要地位；挖掘屯溪周边城区如状元县休宁的文化特色，打造屯溪周边文化经济带等，发挥主城区语言规划的直接性优势，多渠道地拓展城区语言景观文化的宣传要点，切实提升黄山市主城区角色定位，营造主城区有别于其他旅游目的的文化特色。

（三）围绕黄山市优秀的自然景观基础，建成融入徽州文化的具有高审美价值的旅游语言景观

审美性是语言景观的又一重要特征，它是在公共空间内实现语言景观建构者与受众良性互动的重要基础，也是语言景观建构者在信息功能、象征功能之外需要重点考虑的内容和要求。黄山市各旅游景点要依托自身的自然条件，创造具有高审美价值的语言景观，在原有旅游景点建设的基础上，进一步挖掘新的旅游资源，提升黄山市旅游经济活力。

第一，依托优质的自然旅游资源，打造黄山市不同旅游景点语言景观的审美价值。黄山市拥有大量的自然旅游景点，而且不同旅游景点拥有的自然旅游资源也不一样。除了有国家级 5A 旅游景区黄山风景区的传统旅游景点外，黄山市还有美如九寨沟的"情人谷"翡翠谷、水资源丰富且风景如画的太平湖、以自然瀑布为美的九龙瀑及具有奇特溶洞景观的花山谜窟等。各旅游景点在创建语言景观时，要根据不同旅游景点的景观内容来凸显自身特色，以提升语言景观对旅游者的吸引力。

第二，围绕人文景观，创造古村落旅游景点语言景观的审美价值。古村落语言景观的建构不仅要满足当地村民生产生活和旅游产业的发展需要，还要展示当地独具特色的人文内涵。一是立足徽州文化及当地历史上的有名人物，传播徽商、徽人精神，使旅游者感知正是因为徽商、徽人的吃苦耐劳的拼搏精神，才形成了璀璨的徽州文化，因此，在古村落旅游景点语言景观建构中应重点呈现当地历史人物的优秀品质，为旅游者展现徽人的优秀人文精神。二是围绕古村落旅游景点的特色历史人物，不断建构语言加图片的旅游语言景观，从而提升语言景观的审美价值。

三、黄山市语言景观建构各方职责

(一) 地方政府

第一，提高语言景观建构的重要性意识。旅游场所的语言景观已然成为景观的一部分，直接影响着旅游者的体验感，因此地方政府首先要认识到语言景观建构对于旅游景点的建设具有重要意义。地方政府应加强对各旅游景点的标识牌维护工作的督促和指导，制定相关政策和措施，加大对标识牌维护的投入，比如可以增加对标识牌维护的资金支持，提供专项资金用于标识牌的修缮和更换。同时，政府部门还可以建立健全标识牌维护管理制度，明确责任分工，加强对维护工作的监督和检查，确保维护工作的顺利进行。

第二，重视对语言景观的质量督查。地方政府要注意对语言景观质量进行督查，注重各类政府服务型标牌的翻译品质，建立政府服务型语言景观的翻译审核机制，确保政府服务型标牌翻译内容的准确性与规范性。地方政府还需要定期检查与评估各旅游景点政府服务型标牌的翻译情况，建立发现问题与解决问题的机制，优化黄山市旅游景观的语言规范性，提高黄山市旅游景观的国际化水平。

(二) 景区管理机构

第一，建立语言景观建构的统一规范与标准。各旅游景区管理机构，作为旅游景点语言景观直接建构者与管理者，对语言景观建构的品质负有直接责任，应积极参与标识牌的质量提升工作。各旅游景区管理机构应加强对景区标识牌制作的组织协调工作，统一规范和标准，确保标识牌的统一风格和形象与所在旅游景区特色相契合。各景区管理机构还应加强对景区标识牌使用的管理和监督，建立健全维护保养制度，及时修缮损坏的标识牌，确保其保持良好状态。

第二，加强对标识牌材质的选择。景区管理机构在选择标识牌材质时，应尽量选择耐用性强、环保健康的材料，还应采用先进的制作工艺，以提高标识牌的使用寿命和质量。同时，景区管理机构应明确标识牌的材质最好与周边的环境相互契合，与整体的装修材料相互协调，以提高其美观性。

（三）景区工作人员

首先，景区工作人员应加强对标识牌维护保养工作的组织和实施，定期检查标识牌的使用状况，及时发现并处理问题。其次，景区工作人员应强化对标识牌周边环境的管理与维护，确保周边环境整洁美观，避免环境因素对标识牌造成损坏，比如可以采取清扫、修整等方式，保持标识牌周边环境的整洁和美观。最后，景区工作人员还应加强与旅游者的沟通和交流，了解他们对标识牌的需求和意见，不断改进和完善标识牌的设计和使用，提升旅游者的满意度和体验感。

（四）商家

各景区商家应当积极配合景区管理机构与工作人员的工作，遵守景区商业区域的招牌规范和标准，了解和掌握相关的政策和要求，确保店铺招牌的设计风格与相关规定保持一致。同时，商家还可以利用统一的招牌规范和标准，提升自己的品牌形象，提高在旅游者心目中的认可度和好感度，从而带来更多的客流和收益。

四、不足与展望

由于作者时间、精力等方面的限制，本书还存在一定不足及需要进一步研究的地方，未来我们将从以下三个方面开展更深一步的探索。

（一）拓展古村落语言景观研究的时空维度

在新型城镇化建设背景下，黄山市持续推进古村落保护性开发，通过文化遗产普查和旅游产业规划陆续挖掘出诸多传统村落景观。与此同时，短视频媒介的蓬勃发展催生了新兴古村落景点，形成传统与现代并存的复合型语言景观场域。未来，我们需要进一步对这些新兴的古村落景点展开语言景观调查，以厘清以下问题：与传统古村落景点相比，新兴古村落景点的语言景观建设是否存在不同点，这些差异化语言景观的建构现状如何，制约其发展的关键因素有哪些；新兴古村落景点在语言景观规划中是否实现了历时性与共时性特征的交融，在表征媒介、符号体系及叙事策略等方面是否更能凸显地域文化特质。未来，我们将通过对比研究传统与新兴古村落景点语言景观的生成机制与表征差异，为新型城镇化背景下的语言景观体系构建提供理论支撑与实践参考。

（二）多语标牌语码规范体系的建构路径

基于黄山市代表性旅游景点的田野调查发现，当前黄山市语言景观中多语标牌存在语码转换规范性缺失的问题，其中英文译写的准确性问题最为突出。虽然 2017 年 12 月，《公共服务领域英文译写规范》正式实施，但经过实地调查发现，在导览系统等公共空间译写实践中，音译转写与意译规范的适用边界尚未明晰，导致出现译名歧异现象，这些都需要我们进一步提出解决方案。为把黄山市打造成国际性旅游目的地，未来我们需要依据语言经济学原理确立多语标牌的语码层级体系，通过语言景观规划确定基础语码、补充语码及象征性语码的配置优先级，实现语言服务功能性与文化表征性的动态平衡。

（三）加强旅游者语言景观感知与语言态度研究

语言景观的建构不仅需要关注发布主体的行为逻辑，更应重视接受客体的认知反馈。通过系统调查旅游者对语言景观的感知程度，可有效获取受众群体的语言态度图谱。当前研究多聚焦于语言景观的供给侧维度，重点考察建构动机、功能定位及传播策略，而对需求侧的感知体验、文化认同及改进建议缺乏深度探究。尤其值得注意的是，现有感知调查存在样本局限性与空间单一性问题，仅基于黄山市区景点的实证数据难以支撑全域化结论。后续研究需拓展受众态度的调查维度，结合定量分析与质性研究，精准把握语言景观建设的优化方向。

小　结

如何在智慧旅游时代，挖掘新的旅游资源，盘活现有资源，充分拓展旅游价值，创造经济价值，提高黄山市各旅游景点集"食、宿、行、游、娱、购"于一体的高质量旅游服务水平，一直是黄山市努力解答的问题。当前，要建构符合黄山市旅游产业发展的旅游语言景观，以满足当地居民和旅游者的精神和物质需求，我们需要在同质化严重、规划性不足的现状下开拓一条"服务性、文化性与审美性"三位一体的新路，切实推进黄山市旅游产业高质量发展。

参 考 文 献

[1] 蔡晓晗，蒋伟，丁成呈，等．文化传承视角下的徽州特色小镇规划发展研究——以绩溪特色小镇为例 [C] //中国城市科学研究会，江苏省住房和城乡建设厅，苏州市人民政府．2018 城市发展与规划论文集．合肥市规划设计研究院，2018：1156 - 1159．

[2] 车春柳．世界级旅游景区建设研究——以语言景观国际化为视角 [J]．社会科学家，2022 (11)：42 - 48．

[3] 陈丽君，胡范铸．语言资源：一种可以开发利用的旅游资源 [J]．驴友科学，2010，24 (6)：22 - 27．

[4] 陈睿．论语言景观研究热点的多维取向 [J]．江淮论坛，2021 (6)：187 - 192．

[5] 陈伟煊．基于传承度评价的传统村落保护发展路径研究——以黄山市传统村落为例 [D]．合肥：安徽建筑大学，2020．

[6] 陈章太．论语言资源 [J]．语言文字应用，2008 (1)：9 - 14．

[7] 程润峰，李楚奇．电竞游戏的语言景观分析——以英雄联盟 (LOL) 为例 [J/OL]．南京邮电大学学报（社会科学版），1 - 11 [2024 - 09 - 02]．

[8] 戴曼纯．语言政策与规划理论构建：超越规划和管理的语言治理 [J]．云南师范大学学报（哲学社会科学版），2021，53 (2)：29 - 38．

[9] 张美芳．澳门公共牌示语言及其翻译研究 [J]．上海翻译，

2006（1）：29－34.

［10］董爱志．河北省红色旅游景区公示语翻译质量及其评价［J］．河北师范大学学报（哲学社会科学版），2012，35（1）：104－108.

［11］何自然，冉永平．语用学概论（修订版）［M］．长沙：湖南教育出版社，2006.

［12］贺亚楠．杭黄高铁对黄山市旅游流空间结构演变的影响研究［D］．芜湖：安徽师范大学，2020.

［13］胡道华，赵黎明．基于旅游体验过程的游客感知评价［J］．湘潭大学学报（哲学社会科学版），2011，35（2）：80－84.

［14］黄成林，冯学钢．徽州文化旅游开发研究［J］．人文地理，1999（1）：62－64.

［15］黄成林．黄山市乡村旅游初步研究［J］．人文地理，2003（1）：24－28.

［16］黄山市（县级）地方志编纂委员会．黄山市志［M］．合肥：黄山书社，1992.

［17］金怡．古徽州文化旅游区语言景观研究——以潜口民宅和唐模为例［J］．合肥学院学报（综合版），2018，35（6）：79－83.

［18］金怡．语言景观发展与旅游资源开发——以皖南国际文化旅游示范区为例［J］．重庆交通大学学报（社会科学版），2018，18（6）：128－133.

［19］孔珍．国际语言景观研究现状与发展趋势分析［J］．中南大学学报（社会科学版），2018，24（2）：192－200.

［20］李光慧，徐茗．黄山市黎阳古镇语言景观初步研究［J］．南阳师范学院学报，2017，16（9）：38－42.

［21］李宇明．城市语言规划问题［J］．同济大学学报（社会科学版），2021，32（1）：104－112.

[22] 李宇明．语言服务与语言产业 [J]．东方翻译，2016 (4)：4-8.

[23] 李宇明．中国语言规划续论 [M]．北京：商务印书馆，2010.

[24] 林小径．汕头市商店标牌语言景观研究 [J]．现代语文（语言研究版），2017 (9)：105-109.

[25] 刘楚群．语言景观之城市映像研究 [J]．语言战略研究，2017，2 (2)：20-26.

[26] 刘剑．殖民背景下大连的语言景观与身份认同 [J]．日语学习与研究，2024 (1)：23-34.

[27] 刘立勇，熊文新．语言政策与规划中的能动性研究：回顾与展望 [J]．外语学刊，2024 (3)：9-18.

[28] 卢德平，艾宇琦．语言符号是城市活力的象征 [N]．中国社会科学报，2021-05-18 (004).

[29] 卢德平，陈纪宁．"后现代"城市空间语言——语言景观透视 [J]．上海师范大学学报（哲学社会科学版），2023，52 (6)：78-86.

[30] 卢德平，姚晓霞．中国城市政治语言景观的符号学构成 [J]．文化软实力研究，2021，6 (1)：15-27.

[31] 卢德平．"语言景观的理论与实证研究"专栏主持人语 [J]．语言学研究，2022 (2)：3-10.

[32] 卢德平．语言景观研究中民族志方法的价值 [J]．语言政策与规划研究，2023 (2)：176-177.

[33] 吕彦霈．乌鲁木齐红山公园语言景观浅析 [J]．青年文学家，2019 (29)：185-187.

[34] 孟凯．品牌景观的语言规则倾向及其制约因素 [J]．语言学研究，2022 (2)：23-31.

［35］潘秋玲．旅游开发对语言文化景观的影响效应研究：以西安为例［J］．旅游学刊，2005，20（6）；19－25.

［36］潘月明，郭秀芝．高校译名回译难　春风难度"大学"关——以国内理工大学校名英译为例［J］．中国科技翻译，2012，25（2）：58－61.

［37］屈哨兵．语言服务引论［M］．北京：商务印书馆，2016.

［38］尚国文，赵守辉．语言景观的分析维度与理论构建［J］．外国语（上海外国语大学学报），2014，37（6）：81－89.

［39］尚国文，赵守辉．语言景观研究的视角、理论与方法［J］．外语教学与研究，2014，46（2）：214－223＋320.

［40］尚国文、周先武．非典型语言景观的类型、特征及研究视角［J］．语言战略研究．2020，5（4）：37－47＋60.

［41］尚国文．语言景观的语言经济学分析——以新马泰为例［J］．语言战略研究，2016，1（4）：83－91.

［42］盛榕．安徽特色小镇语言景观地理符号研究——以铜陵大通古镇为例［J］．皖西学院学报，2019，35（1）：82－87.

［43］石琳．旅游语言景观的设计与规划——基于文化资本论视角［J］．社会科学家，2021（2）：64－70.

［44］田飞洋，张维佳．全球化社会语言学：语言景观研究的新理论——以北京市学院路双语公示语为例［J］．语言文字应用，2014（2）：38－45.

［45］王树槐．地铁公示语翻译：问题与原则［J］．上海翻译，2012（3）：30－33.

［46］王晓蕾．城市双语语言景观调查及译写研究——以合肥为例［J］．黑河学院学报，2017，8（3）：198－199.

［47］蔚成彦，杨慧．忻州古城语言景观调查研究［J］．忻州师范学院学报，2021，37（6）：59－63＋72.

[48] 魏超，肖学宏，徐红罡. 国际旅游地的游客与居民对语言景观的感知与认同——以泰国曼谷和清迈为例 [J]. 世界地理研究，2024，33（7）：33-45.

[49] 乌永志. 文化遗产型景区双语解说问题与探讨——以西安为例 [J]. 人文地理，2010，25（6）：135-138.

[50] 巫喜丽. 历史文化街区语言景观研究 [D]. 长春：吉林大学，2023.

[51] 吴杨芝，周湘鄂. 服务性、文化性与审美性：贵州民族地区乡村旅游语言景观构建新路 [J]. 贵州民族研究，2024，45（1）：135-141.

[52] 伍坤. 城市语言景观的文化价值研究 [D]. 成都：西华大学，2017.

[53] 徐大明，陶红印，谢天蔚. 当代社会语言学 [M]. 北京：中国社会科学出版社，1997.

[54] 徐大明. 社会语言学实验教程 [M]. 北京：北京大学出版社，2010.

[55] 徐红罡，任燕. 旅游对纳西东巴文语言景观的影响 [J]. 旅游学刊，2015，30（1）：102-111.

[56] 徐茗，卢松. 城市语言景观研究进展及展望 [J]. 人文地理，2015，30（1）：21-25.

[57] 徐茗. 北京市语言景观调查研究 [M]. 上海：上海三联书店，2020.

[58] 徐茗. 国外语言景观研究历程与发展趋势 [J]. 语言战略研究，2017，2（2）：57-64.

[59] 杨永林，程绍霖，刘春霞. 北京地区双语公共标识的社会语言学调查——理论方法篇 [J]. 语言教学与研究，2007（3）：1-6.

[60] 俞玮奇，王婷婷，孙亚楠. 国际化大都市外侨聚居区的多语

景观实态——以北京望京和上海古北为例〔J〕. 语言文字应用，2016 (1)：36－44.

〔61〕张媛媛，张斌华. 语言景观中的澳门多语状况〔J〕. 语言文字应用，2016 (1)：45－54.

〔62〕章锦河，张捷. 旅游生态足迹模型及黄山市实证分析〔J〕. 地理学报，2004 (5)：763－771.

〔63〕Backhaus P. Multilingualism in Tokyo：A Look into the Linguistic Landscape〔J〕. International Journal of Multilingualism，2006，3 (1)：52－66.

〔64〕Peter B. Linguistic Landscapes：A Comparative Study of Urban Multilingualism in Tokyo〔M〕. Channel View Publication；Multilingual Matters：2016－12－31.

〔65〕Ben-Rafael E，Shohamy E，Hasan Amara M，et al. Linguistic Landscape as Symbolic Construction of the Public Space：The case of Israe〔J〕. International Journal of Multilingualism，2006，3 (1)：7－30.

〔66〕Bruyèl-Olmedo，Juan-Garau. Shaping tourist LL：Language display and the sociolinguistic background of an international multilingual readership〔J〕. International Journal of Multilingualism，2015，12 (1)：51－67.

〔67〕Dowling T. Translated for the dogs：Language use in Cape Town signage〔J〕. Language Matters，2012，43 (2)：240－262.

〔68〕Gorter D. Linguistic Landscapes in a Multilingual World〔J〕. Annual Review of Applied Linguistics，2013 (33)：190－212.

〔69〕Hult M F. Drive-thru linguistic landscaping：Constructing a linguistically dominant place in a bilingual space〔J〕. International Journal of Bilingualism，2014，18 (5)：507－523.

［70］Kasanga A L. Mapping the linguistic landscape of a commercial neighbourhood in Central Phnom Penh ［J］. Journal of Multilingual and Multicultural Development，2012，33（6）：553 – 567.

［71］ Landry R，Bourhis R Y. Linguistic Landscape and Ethnolinguistic Vitality：An Empirical Study ［J］. Journal of Language and Social Psychology，1997，16（1）：23 – 49.

［72］Leeman J，Modan G. Commodified language in Chinatown：A contextualized approach to linguistic landscape ［J］. Journal of Sociolinguistics，2009，13（3）：332 – 362.

［73］Lou J J. Chinatown in Washington，DC：The bilingual landscape ［J］. World Englishes，2012，31（1）：34 – 47.

［74］Martinez F. English in advertising in Colombia ［J］. World Englishes，2015，34（4）：600 – 619.

［75］ Elana S. Language Policy：Hidden Agendas and New Approaches ［M］. Taylor and Francis：2006 – 5 – 2.

［76］ Lu X，Sudipa N I，Artawa K，et al. On Linguistic Landscape in Language Service at Da Li Ancient City，China ［J］. Journal of Language Teaching and Research，2021，12（6）：1000 – 1009.

［77］Maria S. The English of shop signs in Europe ［J］. English Today，2003，19（1）：3 – 17.

后　记

近年来，由于教学的需要，我更多关注的是语言的本体研究，直到 2022 年攻读博士以后，我决定寻找一个适合自己的研究方向。我记得当时经常旁听李铁范老师的课程，那一学期他刚好开设了现代汉语课程和淮北师范大学的研究生课程，那时正值疫情时期，他给淮北师范大学的学生开设的课程需在线上进行。一天，我到李老师的办公室讨论最近的学习心得，李老师刚好给我介绍说他给淮北师范大学研究生开设的课程快开课了，有兴趣可以来旁听，我当时高兴极了。对于作为两个孩子妈妈的我而言，平时除了办公室的行政工作外，还有一些教学任务，学习时间全靠挤出来，线上的课程更加灵活，场地也自由很多。我印象最深的就是一次线上课程，刚好孩子生病发烧，就拿着手机边听课，边带孩子就医，回来的时候，手机被孩子误拿了过去，打开了话筒，然后就听到我们嘈杂的声音，当时觉得非常抱歉，打扰了老师的正常上课秩序。

也正是在旁听的课堂上，我听到了李老师向大家介绍语言景观的研究现状，当时觉得很新鲜，也很感兴趣，于是就开始阅读大量文献来了解语言景观的研究现状。我发现国内语言景观研究正在如火如荼地进行，而关于黄山市语言景观的研究成果并不丰富，于是决定以语言景观为研究方向申报了 2021 年的"安徽省人文社科重点项目课题"。课题顺利立项后，我相继做了黄山市区的语言景观调查，并发表了相关论文。后来，我又组织学生团队，相继做了西递、宏村、呈坎、歙县古城、南屏、黄山风景区等地的语言景观调查，收集了大量资料。2023 年，我面临博士论文的选题与开题，曾经一度跟导师商量能否进行泰国语言景观的调查研究，但是考虑到专业的相关性，最终选择了其他的课题进行博士论文写作。虽然本书的初稿形成于 2022 年，但我因忙于博士论文的写作，一直无暇进行本书的定稿与修改，直到 2023 年 5 月，我顺利完成博士论文答辩以后，才得闲定稿和进行修改。

在课题的选择和后续的研究中，我要感谢李铁范老师给予的指导、汪洪峰老师给予的调查建议，以及指导的学生团队在实在调查中的辛苦付出。另外，我还要感谢汪晓玲女士及各商铺店家在实地调查中的配合，每到一处调查，我总会跟店铺的老板了解他们店铺的发展历史。每一处语言景观都是文化的缩影，我很想向读者展现更多的语言景观的文化内涵，所以我后面会以其他的形式展现部分我与商铺店家访谈的结果，让大家了解更多私人服务型语言景观的生命魅力。

当然，我的调查范围还不足以覆盖黄山市所有的语言景观，相信在未来，依托地方旅游文化建设相关平台，我们将进一步拓宽调查范围，形成更多的研究成果并展示给大家。黄山市作为一个以旅游著称的美丽城市，旅游资源丰富，旅游场所的语言景观建设已经取得一定成果，但是还存在着国际化建设不足、缺乏规划性、后期维护不到位的情形，这些都是我未来的努力方向。

最后，由于本人学术水平有限，对语言景观相关问题理解尚浅，书中出现理解偏差和不当之处，还望读者不吝批评指正。

图书在版编目（CIP）数据

黄山市旅游语言景观调查研究/石铃凤著 . --合肥：合肥工业大学出版社，2025. --ISBN 978-7-5650-7017-4

Ⅰ.F590.3；H030

中国国家版本馆 CIP 数据核字第 2025NB7626 号

黄山市旅游语言景观调查研究

石铃凤　著　　　　　　　　　　　　责任编辑　王　丹

出　版	合肥工业大学出版社	版　次	2025 年 7 月第 1 版
地　址	合肥市屯溪路 193 号	印　次	2025 年 7 月第 1 次印刷
邮　编	230009	开　本	710 毫米×1010 毫米　1/16
电　话	基础与职业教育出版中心：0551-62903120	印　张	9.5
	营销与储运管理中心：0551-62903198	字　数	118 千字
网　址	press. hfut. edu. cn	印　刷	安徽联众印刷有限公司
E-mail	hfutpress@163.com	发　行	全国新华书店

ISBN 978-7-5650-7017-4　　　　　　　　　　　定价：52.00 元

如果有影响阅读的印装质量问题，请联系出版社营销与储运管理中心调换。